Andreas Wassermann

Ladykillers

Sprüche und Strategien
zum Kennenlernen

EICHBORN.

© Vito von Eichborn GmbH & Co. Verlag KG,
Frankfurt am Main, Januar 1995
Umgestaltung: Martina Fosshag.
Gesamtproduktion: Fuldaer Verlagsanstalt GmbH.
ISBN 3-8218-3384-X

Verlagsverzeichnis schickt gern:
Eichborn Verlag, Kaiserstraße 66, D-60329 Frankfurt am Main

Inhalt

Wie dieses Buch entstand 5

Statt eines Vorworts 7

Im Urlaub 12
Am Strand 12
In der Urlaubsdisko 24

Zurück in Deutschland 37
Auf der Straße 37
Blind Dates 47

In der heimischen Disko 49
Auf Partys oder Volksfesten 50
Wie es weitergeht 60
In Kneipe, Café oder Restaurant 62
In der Universität 71
In der U-Bahn 73
Im Schwimmbad 75
In der Bank 77
Unterwegs 78
Im Flugzeug 80
Beim Einkaufen 80
Abgeblitzt? 84
Der perfekte Liebhaber 85
Im Bett 87

Wie dieses Buch entstand

Die Idee zu diesem Buch kam meinem Freund Marc und mir, wie könnte es anders sein, im Urlaub auf einer spanischen Insel. Denn nirgendwo sonst wird so viel gebaggert und gegraben (die Baubranche boomt), geliebt und gelitten. »Wie wäre es, wenn man diese Sprüche und Tricks aufschriebe?« fragten wir uns. So könnte ein Buch für junge Leute entstehen, das sie dann im Urlaub und auch daheim mindestens genauso oft verwenden wie Zahnbürste und EC-Karte.

Noch im Urlaub sammelten wir systematisch alle Sprüche, die uns selbst oder anderen Urlauber(innen) einfielen, testeten diese auf ihre Wirksamkeit und schrieben die Ergebnisse auf. Wieder zu Hause, fragten wir alle Freunde und Kumpels, wie sie ein Mädchen, das ihnen gefällt, anmachen. Jeder, der mindestens einen Spruch beizutragen wußte, sollte in diesem Buch erwähnt werden. Der Riesenerfolg dieses Schneeballsystems übertraf unsere Erwartungen. Auch viele Mädchen beteiligten sich daran und erzählten uns die raffinierteste Anmache, die sie bisher erlebt haben. So entstand innerhalb kurzer Zeit dieses kleine Buch mit mehr als 100 Verführungstricks. Manchmal trafen wir auch Jugendliche, die den Einfall blöd fanden und fragten: »Wer hat denn so was nötig, auf irgendein Buch zurückzugreifen? Wir lernen auch so genug Leute kennen!« Falsch gedacht, Leute, der Punkt ist nicht, ob man es nötig hat oder nicht, sondern daß es einfach einen Heidenspaß macht, Leute kennenzulernen. Und auch ihr werdet bemerken, daß ihr mit Hilfe dieses Buches nicht mehr wie früher drei oder vier Personen pro Party kennenlernt, sondern problemlos elf oder zwölf.

Dieses Buch hat viel mit Lebenslust zu tun. Vor allem Mädchen dürfte es zugute kommen, wenn Jungs plötzlich witzige und originelle Verführungstricks und -sprüche anzubringen wissen, statt sie mit stumpfsinnigen und plumpen Aufrißsprüchen oder gar mit Antatschen und Hinterherpfeifen zu belästigen.

Fällt »Ladykillers« also unter die Reihe von Büchern, die erklären wollen, wie man am schnellsten eine Frau ins Bett bekommt? Nein, obwohl es - wie ich zugebe - dazu verwendet werden kann. Aber eigentlich soll es, wie der Titel schon sagt, *den* Leuten helfen, die Probleme haben, ein Gespräch anzufangen. Wer z.B. alleine in Urlaub fährt, weiß, wie schwierig es manchmal ist, Anschluß zu finden.

Es ist Unsinn zu behaupten, wer ein fremdes Mädchen anspricht, will sie in jedem Fall »aufreißen«. Jeder zwischenmenschliche Kontakt, sei es nun eine ganz normale Freundschaft, eine Beziehungskiste, die große Liebe oder ein One-night-stand, beginnt damit, daß einer irgend etwas zum anderen sagt. Und in den ersten drei Minuten eines Gesprächs kann noch niemand wissen, zu welcher der vier gerade genannten Möglichkeiten sich die Begegnung entwickeln wird.

Ist es nicht traurig, wie verkrampft und unbeholfen heute die meisten Menschen sind, wenn es darum geht, einen oder eine Fremde kennenzulernen? Da fahren Menschen jeden Morgen jahrelang dieselbe Strecke mit der U-Bahn. Sie »kennen« sich eigentlich längst. Man registriert, was der andere trägt, ob er eine neue Frisur hat, ob er gut rasiert und sein Hemd sauber ist. Obwohl sicherlich einige dieser Menschen sich gerne kennenlernen würden und sich bestimmt auch viele Dinge zu sagen hätten, klappt es mit dem Aufeinanderzugehen einfach nicht. Statt dessen schweigt jeder vor sich hin. Woher kommt diese Verschlossenheit? In erster Linie wohl von der Angst, zurückgewiesen zu werden. Dieses Risiko ist allerdings immer enthalten, wenn man sich um ein Gespräch bemüht – da geht es der kontaktsuchenden alten Frau nicht anders als dem Jüngling, der ein Mädchen »anmachen« will. Aber es lohnt sich (für beide), dieses Risiko einzugehen. *Denn wer viele Bekanntschaften macht, lebt interessanter.*

Daß wir wirklich dieses Buch zustandegebracht haben, hat einen weiteren Grund. Vor einem Jahr veröffentlichte ein Jugendlicher namens Jörg Tremmel ein Buch über die Sexualität von Teenagern. In »Sweet Little Sixteen - Jugend und neue Sexualmoral« fordert er, den Schwerpunkt der sexuellen Aktivität in die Lebensphase zu verlegen, in der auch das Sexualverlangen und die sexuelle Leistungsfähigkeit (beim Mann) am größten sind, in die Jugend nämlich. Angespornt durch den Erfolg dieses Buches wollten wir den Trend, daß Jugendliche nicht nur Musik machen, sondern auch Bücher schreiben, gern fortführen. Und gleichzeitig wollten wir anderen Jugendlichen zeigen, wie sie die »Neue Sexualmoral«, die Tremmel fordert, selbst herbeiführen können.

Ein ganz großer Dank gebührt den vielen Jungs und Mädchen, die an diesem Buch mitgearbeitet haben. Ihr wart echt spitze!!! Besondere Erwähnung verdienen:
Marc, Stefan, Holger, Stavros, Martina, Christine, Templar, Thorsten, Peter, Esmé, Boris, Martin, Steffen, Holger, Andrea, Lars, Thomas, Arndt, Norman, Tobi, Moritz und viele andere...

Statt eines Vorworts

Das Buch ist für Jungen geschrieben, die finden, daß Frauen etwas Wunderbares sind und es nichts Schöneres gibt, als mit ihnen zu flirten. Es ist für Mädchen geschrieben, die Jungs mögen und gern mehr von ihnen kennenlernen würden. Denn immer noch gibt es viele junge Menschen, die Probleme haben, jemanden des anderen Geschlechts kennenzulernen. Vielleicht kennst du, lieber Leser, folgendes selbst: Sobald eine wirklich aufregende Frau in deine Nähe kommt, fällt dir absolut nichts mehr ein. Dein Herz beginnt wild zu schlagen, dein Magen zieht sich zusammen, deine Knie werden weich und dein Verstand verabschiedet sich. Schließlich verzichtest du entnervt darauf, dein Glück zu versuchen. Schon mal erlebt? Damit das Leben nicht weiter an dir vorbeiläuft, gibt es dieses Buch.

Es gibt eine schöne, traurige Geschichte, die sehr viel über verpaßte Chancen und ungenutzte Möglichkeiten erzählt:

»Ein Junge steigt in die U-Bahn und sieht das schönste Mädchen, das er jemals gesehen hat. Mit einem Schlag wird ihm klar, daß er dieses Mädchen liebt, schon immer liebte und mit ihr sein Leben verbringen möchte. Schüchtern setzt er sich ein Abteil entfernt. Er kann es nicht fassen, wie wunderschön sie ist: sie hat lange Haare und ein Gesicht, das ihn einfach verzaubert. Beschämt senkt er den Blick, als ihm plötzlich bewußt wird, daß auch sie ihn die ganze Zeit angesehen hat. In diesem Moment hält der Zug und einige Leute steigen aus. ›Hoffentlich steigt sie nicht aus‹, denkt sich der Junge, und tatsächlich hat er Glück. Die weitere Fahrt schaut er immer wieder zu ihr hin, aber just dann schlägt sie die Augen nieder. Und immer, wenn sie ihm in die Augen zu sehen versucht, wendet er schüchtern den Blick ab. Sein Herz ist wie zugeschnürt, er kann nichts tun, nur sie betrachten. Dann kommt ihre Station, sie steht auf und steigt aus. Die Türen schließen sich. Und in diesem Moment sehen sie sich zum ersten Mal ohne Angst in die Augen und sie schenkt ihm das strahlendste Lächeln, das er jemals gesehen hat. Plötzlich wird ihm klar, daß er sie nur anzusprechen braucht, nur irgend etwas zu sagen braucht, daß sie ihn genauso liebt wie er sie, und daß sie keinen seiner Annäherungsversuche zurückgewiesen hätte, auch den tolpatschigsten nicht. Er springt auf und läuft zur Tür. Da fährt der Zug an. Hilflos muß er mitansehen, wie sie auf dem Bahnsteig zurückbleibt und schließlich gar nicht mehr zu sehen ist. Noch sehr lange sollte dieses Mädchen seine Gedanken beherrschen und sein Herz bewegen. Oft suchte er in den nächsten Tagen diese Station auf und hielt Ausschau nach ihr, aber was soll ich euch sagen: Er hat sie nie wieder gesehen.«

Deshalb haben sich die die Sprücheklopfer des Autorenteams auf die erste Kontaktaufnahme konzentriert, die ja bekanntlich die schwierigste ist.

Dabei ist klar: den Standardspruch gibt es nicht. Vielmehr muß man für jede Situation und jeden Ort einen anderen witzigen Spruch parat haben. Deshalb sind auf den folgenden Seiten kreative Sprüche für alle nur denkbaren Situationen (Strand, Disko, Straße, Café, Parties, Schwimmbad, Volksfeste, Kneipe und Bett) zu finden. Von bewegenden Geständnissen mit Hundeblick bis zu frechen Aufreißersprüchen ist für jeden etwas dabei. Natürlich sind unsere »Hilfen« nicht nur in einer Situation, sondern vielfältig verwendbar. Wir haben unsere Sprüche bzw. Tricks in drei Kategorien eingeteilt: »Sprüche für Wohlerzogene«, »Süßholzraspeln« und »Freche Sprüche«.

Unter der ersten Rubrik sind Floskeln genannt, mit denen man höflich und in etwas steiferen Kreisen Anschluß finden kann. Beim »Süßholzraspeln« werden gezielt kleine Komplimente eingesetzt. Bei der letzten Rubrik kommen schließlich all jene auf ihre Kosten, die allein an Aufrißtricks interessiert sind.

Zu guter Letzt wird noch die Erfolgsquote jedes Spruches und eine Gesamtbeurteilung angegeben. Als Erfolg gilt, wenn das Mädchen sich angeregt mit dir unterhält und du weitere Schritte in Angriff nehmen kannst. Mißerfolg ist, wenn sie dich nicht weiter beachtet oder sich gar über die »dumme Anmache« ärgert. Wenn im Einzelfall unter Erfolg oder Mißerfolg etwas anderes zu verstehen ist, so ist dies extra vermerkt.

Das Buch ist so geschrieben, als würde ein Junge ein Mädchen ansprechen. Mädchen können die Sprüche aber natürlich genauso benutzen – und sollen es auch. Die Zeiten, als der Junge stets die Initiative übernehmen mußte, sind zum Glück vorbei. Der Idealzustand ist jedoch erreicht, wenn die Mädchen sich soweit emanzipieren, daß sie Jungs auch in puncto Anmache, Aufriß und Verführung in nichts mehr nachstehen.

Die Sprüche können ebenso benutzt werden, um Kontakte zu knüpfen, die in eine nichtsexuelle Freundschaft, aber auch in eine »schnelle Nummer« münden können.

Natürlich weiß ich, daß viele von euch die Sprüche mit dem Hintergedanken benutzen werden, hübsche Mädchen aufzureißen. Vielleicht seid ihr noch jung und deshalb zunächst auf sexuelle Erfahrungen aus. Das ist vollkommen okay! Es ist nichts Schlechtes dabei, wenn man sich zwischen 14 und 24 austobt. Es ist sogar notwendig, damit du nicht mit 40 das Gefühl bekommst, etwas verpaßt zu haben. Aber letztlich wird auch dies in Beziehungen führen, ob ihr es wollt oder nicht. Man kann sich nicht vor der Liebe schützen, sie »überfällt« dich einfach, wenn du am wenigsten damit rechnest.

Wenn ihr aber gegenwärtig eure Jugend noch genießen wollt, dann spricht nichts dagegen, die Sprüche als »Anmache« zu benutzen.

Nicht allein, was man sagt, sondern das gesamte Auftreten entscheidet jedoch über Korb oder Erfolg. Denn: »Nicht der Spruch entscheidet über den Erfolg, sondern der Typ!« Auch der witzigste Spruch kommt nicht an, wenn der Verführer nur einmal die Woche duscht, Mundgeruch hat und im Trainingsanzug daherkommt. Frag dich selber, ob du mit so jemand eine Beziehung eingehen würdest.

Es müssen jetzt nicht alle verzweifeln, die nicht ihrem Idealbild entsprechen. Komplexe? Haben wir alle . . .

Gegen jede Art von Komplexen gibt es außerdem ein Mittel.

– Du findest dein Gesicht abgrundtief häßlich?
Vielleicht ist es das wirklich, aber wenn schon. Es gibt Männer mit schiefen Zähnen, einer Hakennase und abstehenden Ohren, die trotzdem eine Frau bekommen, von der andere, Besseraussehende, nur träumen können. Ganz einfach ihrer Ausstrahlung wegen. Wenn du ein gesundes Selbstbewußtsein hast (keine Überheblichkeit), dann bekommt das auch deine Umgebung mit. Denn wer mit sich und der Welt zufrieden ist, zieht andere Menschen magisch an. Dein häßliches Gesicht spielt dann überhaupt keine Rolle mehr.

– Du denkst, du hast eine miserable Figur?
Na und? Dann such dir eben eine Frau, die auch eine schlechte Figur hat. Oder du wählst den harten Weg und beginnst, an dir selbst zu arbeiten. Mit ein bißchen Sport kann jeder eine halbwegs trainierte Figur bekommen.

– Dein Gesicht sieht aus wie ein Streuselkuchen. Niemand wird so ein Pickel-Face anfassen wollen?
Hör auf zu heulen! Geh lieber zum Hautarzt und laß dir ein Mittel gegen Pickel verschreiben. Wovon sollten denn auch Kosmetikerinnen leben, wenn sie keine Kunden mehr hätten?

– Du hast nur häßliche Klamotten im Schrank?
Such dir einen Job und kauf dir von dem verdienten Geld schöne. So einfach ist das...

Du mußt ja nicht gleich Cindy Crawford erobern wollen. Versuch es erst mal mit dem Mädchen in deiner Straße, die hat genauso viele Komplexe wie du.

Jeder, so unvollkommen er auch sein mag, kann mit diesem Buch seine persönliche Erfolgsquote erhöhen, auch wenn er vielleicht die eines Casanova nicht erreicht.

Außerdem: Ein *einziger* Spruch reicht ja vielleicht schon aus, um dein Lebensglück zu finden. Die meisten Menschen müssen erst einmal viele Kröten küssen, bevor sie ihre Prinzessin entdecken. Unter Umständen kann dieses Krötenküssen sogar eine Menge Spaß machen.

Die Verfasser dieses Werkes halten es für selbstverständlich, daß die Leser sich bei Niederlagen, die sich zwangsläufig auch einstellen werden, »gentlemanlike« benehmen. Wenn du merkst, daß das Mädchen offensichtlich kein Interesse an dir hat und die Konversation am liebsten abbrechen würde, dann solltest du dich *sofort* zurückziehen. Wenn du bei einer Anmache abgewiesen wirst und akzeptierst dies nicht, dann ist das nichts anderes als sexuelle Belästigung. Ein echter Verführer beachtet die Regeln des Spiels und zeigt sich – wenn notwendig – als guter Verlierer.

Mach dir klar, daß eine Abfuhr nicht unbedingt eine Ablehnung deiner Person bedeutet. Es gibt 1000 mögliche Gründe, warum sie gar nicht anders kann, als dir einen Korb zu geben. Am naheliegensten ist es, daß sie im Moment in einen anderen Jungen verliebt ist und ihn nicht betrügen will. That's life... Vielleicht hat sie auch gerade furchtbare Bauchschmerzen oder andere Probleme.

»Ladykillers« ist zwar vor allem *für Jugendliche* gedacht, die darin viele Anregungen für ihre Lieblingsbeschäftigung finden werden. Aber natürlich können auch ältere Semester davon profitieren, wenn sie mit dem Flirten noch Probleme haben.

Das Buch ist nicht dafür gedacht, es immer mit sich zu führen und bei Bedarf blitzschnell hervorzuholen, um den richtigen Spruch abzulesen. Lest es euch lieber in einer ruhigen Minute von vorne bis hinten durch und merkt euch die Verführungssprüche, die euch gefallen.

Denn eines versteht sich von selbst: Nur Spontaneität überzeugt. Dazu muß man rasch die Situation erfassen und dann schlagfertig und kreativ sein. Ich war z.B. kürzlich beim Arzt und fand die Arzthelferin sehr sympathisch. Ich wollte gern mit ihr ins Gespräch kommen, also überlegte ich, wie ich sie ansprechen könnte. Mir fiel auf, daß sie ein Oxbow-Oberteil trug. Da sagte ich ganz einfach: »Hey, ich war diese Woche bei drei Ärzten und immer trugen die Arzthelferinnen Sachen von Oxbow. Gibt es irgendein geheimes Abkommen, daß ihr nur Oxbow tragen dürft?« Daraufhin lachte sie und schon waren wir im Gespräch.

Die Symbole bedeuten folgendes:

 brillanter Spruch   guter Spruch

 mittelmäßiger Spruch   miserabler Spruch

 Vorsicht, Ohrfeige

Im Urlaub

Die beste Gelegenheit, um Leute kennenzulernen, ist eine Urlaubsreise. Schließlich trifft sich an den Stränden des Mittelmeers die Jugend Europas. Und alle haben nur eines im Sinn: Fun! In den Touristenhochburgen von Mallorca oder Ibiza spielt sich in den heißen Sommermonaten nichts anderes als eine ewige Party ab. Die Sexualmoral ist eine völlig andere als zu Hause, deshalb ist auch die Anmache anders. Die Sprüche können ruhig frecher ausfallen, ohnehin sind viele sowieso nur wegen *einer* Sache weggefahren. Da die Dates für den Abend am Strand ausgemacht werden, solltet ihr dort am ersten Tag die Lage checken. Im Sand aalen sich die Mädels, die alle ihren Freund daheimgelassen haben. Jetzt braucht ihr einen flächendeckenden Trick, mit dem ihr erfahrt, wie die 50 hübschesten Girls heißen, wo sie herkommen und wo sie heute abend hingehen. Nichts leichter als das!

Am Strand

 Der Postkartentrick mit der penetranten Verehrerin
Kauf dir eine Postkarte mit irgendeinem anzüglichen Motiv (z.B. einer Badenixe, die dem Betrachter ihren Hintern entgegenstreckt) und schreib den Absender irgendeines Mädchens in Deutschland drauf. Auf die linke Seite der Karte schreibst du ganz oben: »Viele Urlaubsgrüße, liebe XY wünschen dir (dein Name und den deines Freundes) und:« Mit dieser Karte und einem Freund begibst du dich nun zu den ersten beiden barbusigen, braungebrannten Mädchen und läßt folgenden Spruch los: »Hallo, ihr Zwei, tut ihr uns einen Gefallen, wir wollen nämlich ein Autogramm von euch haben?« Wenn sie euch verständnislos anschauen, fragt ihr besser mal nach, ob sie englisch-, deutsch-, französisch-, spanisch- oder italienischsprachig sind (ich hoffe, daß ihr alle oder zumindest die meisten dieser Sprachen beherrscht). Nachdem ihr also herausgefunden habt, woher sie kommen, beginnt ihr eure Erklärung: »Also, diese Karte ist für meine Ex-Freundin in Deutschland. Obwohl wir nur ganz kurz zusammen waren und auch schon seit Wochen Schluß ist, rennt sie mir immer noch hinterher. Ich habe ihr echt schon 1000 mal gesagt, daß es aus ist und ich

nichts mehr von ihr will, aber sie ruft fast täglich an oder wartet sogar vor meiner Tür, bis ich nach Hause komme. Na ja, jedenfalls wollen wir ihr jetzt ein für allemal klarmachen, daß sie keine Chancen hat. Und deshalb wollen wir ihr diese Postkarte schicken - mit 50 Mädchenunterschriften auf der Rückseite.«

Mit diesen Worten reichst du ihnen die Postkarte (auf der sich im Idealfall schon einige Unterschriften befinden). Sie werden lachen und sagen: »Das ist ja gemein – aber wir unterschreiben natürlich gerne...« (Warum wollen Frauen sich untereinander eigentlich immer eins auswischen?)

Bevor sie beginnt, nach ihrem Stift zu kramen, reichst du ihr deinen. Während sie nun unterschreibt, fragst du sie, wo sie herkommt, wie lange sie noch bleibt und wo man hier abends hingehen kann. Wenn sie dich interessiert, dann verabrede dich für den Abend mit ihr in ihrer Stammdisko. Danach gehst du weiter, bis du außer Sichtweite bist. Jetzt beginnt das Spiel von neuem, bis die Karte voll ist.

Erfolgsquote: 99% (ein einziges Mädchen wollte nicht unterschreiben, aber dies könnte auch daran liegen, daß wir sie aufgeweckt haben.)

Gesamtbeurteilung: Sehr gut geeignet, um sich am ersten Urlaubstag einen Überblick zu verschaffen. Durch den Trick erfährt sie zugleich, daß du auch zu Hause solo bist, was für manche Mädels von Bedeutung ist. Es überrascht immer wieder, wie bereitwillig die angesprochenen Girls auf das gemeine Spiel eingehen. Viele schreiben noch zusätzlich etwas drauf wie: »Danke für die letzte Nacht!« »Danke für die zwei schönsten Wochen meines Lebens!« oder »Es war wundervoll...«

☑ Küsse zu verkaufen...

Voraussetzung für diesen Trick ist, daß entweder dein Freund *oder* du überdurchschnittlich gut aussieht, d.h. er sollte einen durchtrainierten, geschmeidigen Körper haben und braungebrannt sein. Wenn das eher auf deinen Freund als auf dich zutrifft, dann mach dir ein Pappschild, schreib: »Küsse zu verkaufen« in drei Sprachen drauf (z.B. kisses to sell; baisers à vendre, se vende besos), häng es dir um den Hals und lauf damit zu allen schönen Frauen des Strandes. Sie werden dich leicht amüsiert fragen, was das soll. Erzähl nun eine herzerweichende Geschichte von schwieriger Jugend und betrügerischen Geschäftspartnern, von geldgieriger Freundin usw, durch die dein Freund und du in große materielle Not geraten seid. Wenn sie schließlich die Hände über dem Kopf zusammenschlägt und sagt, sie wolle einen (oder mehrere) Küsse kaufen, verlang zunächst einen viel zu hohen Preis. Nach langem Feilschen läßt du dich herunterhandeln. Wenn ihr euch einig geworden seid, kann dein Freund sie küssen. (Erst das Geld!) Dabei soll er schon darauf achten, ob sie ihm Mund oder Wange hinhält und beim Mund nicht sofort Zungenkuß voraussetzen, sondern den normalen Kuß suchen und abwarten, ob sie mit dem Zungenschlag beginnt.

Tip: Benutz vorher ein Atemspray!

Erfolgsquote: 0 - 10% kaufen Küsse (abhängig von Strand und eurem Aussehen); aber fast 80% finden die Idee witzig und führen eine nette Unterhaltung mit euch.

Gesamtbeurteilung: Nur etwas für Mutige.

☑ Der Obstkorb-Trick

Ihr schnappt euch einen Korb und verkauft: »Banana, ananas, melone... Vitaminas!!!« Wenn euch irgendwelche Mädels ansprechen, was das denn soll, so antwortet ihr: »Ja, wir haben uns mit dem Geld verschätzt. Der Urlaub wurde viel teurer, als wir dachten und jetzt verdienen wir uns etwas dazu...« Wenn sie euch süß finden, verabreden sie sich für den Abend mit euch.

Erfolgsquote: 40% (Ein Mädchen fragte sogar, ob wir ihr auch Kondome verkaufen könnten.)

Gesamtbeurteilung: Tut dies nur an Stränden, wo auch sonst solche Verkäufer herumlaufen und hütet euch vor der einheimischen Polizei. Geldverdienen auf diese Weise ist nämlich illegal, aber darum geht es euch ja auch nicht.

Die drei beschriebenen Tricks dienen dazu, sich zunächst einmal einen Überblick zu verschaffen. Anders müßt ihr vorgehen, wenn ihr euch schon jemand ausgeguckt habt. Legt euch mit eurer Strandmatte in die Nähe und wendet einen der folgenden Tricks an, um eure Traumfrau kennenzulernen:

☑ **Der Sonnenöl-Trick**
Du breitest in der Nähe deines Traumgirls dein Badetuch aus (Abstand nicht mehr als 5 m) und beachtest sie zunächst nicht. Als du kurz darauf deine Tasche auspackst, beginnst du laut zu fluchen. Natürlich hat sie das neugierig gemacht und wahrscheinlich wirft sie dir einen fragenden Blick zu. Du schaust hilfesuchend zurück und gehst dann, scheinbar kurzentschlossen, zu ihr hin. »Mist, sieht so aus, als hätte ich mein Sonnenöl vergessen. Könnte ich ein bißchen von dir bekommen?« Lieb wie sie ist, wird sie dir etwas auf die Hand tröpfeln. Jetzt sofort zu fragen, ob sie dich eincremen kann, wäre zu vorschnell. Bedank dich höflich bei ihr und creme dich an deinem Platz gründlich ein (nicht wegen der Sonne, sondern damit sie sich an deinem Körper sattsehen kann).

Erfolgsquote: 90 %

Gesamtbeurteilung: Ganz nett, denk daran, beim späteren Eincremen nicht das eigene Sonnenöl herauszuholen.

☑ **Rücken eincremen**
Wenn du sie schon etwas näher kennst, solltest du folgenden Verführungsspruch wagen: »Kannst du mir mal den Rücken eincremen?«

Erfolgsquote: 75 %

Gesamtbeurteilung: Ideal, um den ersten Körperkontakt herzustellen. Genieß die Massage... Variante: Im Anschluß kannst du sie fragen, ob du sie auch eincremen sollst? »Hey, dein Rücken sieht ganz schön verbrannt aus. Soll ich mich revanchieren?«

☑ **Flieger mit Liebeserklärung**
Angenommen, eure Traumfrauen liegen gerade 15-20m von dir und deinem Freund entfernt. Und ihr zerbrecht euch verzweifelt den Kopf, wie ihr sie kennenlernen könnt. Versucht's mal damit: Schreibt einen ganz süßen Brief, in dem steht, daß ihr 2 nette Jungs aus Deutschland seid, aber leider zu schüchtern, um zwei so goldige Mädels wie sie direkt anzusprechen. Schreibt, daß es euch wahnsinnig freuen würde, zu viert heute abend auszugehen, und wenn sie einverstanden sind, dann sollen sie euch ein Zeichen geben. Ein Lachen würde schon genügen...

Dann faltet ihr aus dem Brief kunstvoll einen eleganten Papierflieger und laßt ihn rübersegeln. Kein Mädchen wird dabei nicht lachen müssen. Dies kann als Anlaß genommen werden, zu ihr zu gehen und ein Gespräch zu beginnen.
Tip: Übt das Fliegerfalten am besten schon zu Hause...

Erfolgsquote: 95% (wenn der Flieger ankommt)

Gesamtbeurteilung: Sehr witzig und kreativ. Seid vorsichtig bei Wind! Sonst landet der Flieger ein Badetuch weiter bei irgendwelchen Müttern.

Variante 1: Du malst auf das Papier eine große Musiknote. Darunter schreibst du: »Hallo, du bist das süßeste Mädchen, das ich je gesehen habe. Ich bin gerade dabei, dir ein Liebeslied zu komponieren. Hier ist schon mal der Anfang per Luftpost....«

Variante 2: Wenn eure Nixen gerade im Wasser sind, dann faltet den Brief schön säuberlich zusammen und steckt ihn in eine Flasche, korkt sie zu und laßt die Flaschenpost zu ihnen hintreiben.

 Masseur in der Ausbildung
Du gehst zusammen mit einem Freund an den Hotelpool und behauptest, ihr gehört zum Animateurteam und bietet auf Wunsch unentgeltlich Massagen für Hotelgäste an. »Hallo, im Rahmen des Animationsprogramms bietet Ihr Hotel Ihnen während des Tages kostenlose Massagen an. Ihr Hotel hat zu diesem Zweck eigens einen erfahrenen Masseur engagiert. Leider ist dieser aber erkrankt. Deshalb übernehmen wir heute Ihre Massage. Wir sind zwar noch nicht ganz

fertig mit der Ausbildung, so daß sie bitte Verständnis haben, wenn nicht alles gleich hundertprozentig klappt, aber wir haben zumindest schon die Grundausbildung (Kneten, Klopfen, Ziehen, Melken) abgeschlossen. Möchten Sie also eine Massage, junge Frau?«

Erfolgsquote: 40% (für die Massage)

Gesamtbeurteilung: Natürlich werden die Mädels merken, daß nicht alles wahr ist, aber wenn sie euch nett finden, lassen sie sich trotzdem von euch massieren. Enttäuscht sie nicht und gebt euch wenigstens Mühe. Natürlich ist es notwendig, daß Oberteil zumindest aufzuknöpfen (wenn sie auf dem Bauch liegt), sonst ist das Massieren schlecht möglich. Wenn ihr sie zufriedenstellt, wird sie sich bestimmt irgendwann mit einer Ganzkörpermassage revanchieren.

☑ Die mitleidige Tour

Es gibt wohl kaum eine Frau, der nicht das Herz vor Mitleid überquillt, wenn sie sieht, wie jemand verletzt ist und Hilfe benötigt. An diesen mütterlichen Instinkt kann man auch appellieren, wenn man mit einer hübschen Urlauberin Kontakt aufnehmen will. Ein bißchen männliche Unbeholfenheit erwarten Frauen geradezu – wäre es da nicht schade, sie zu enttäuschen?

»Kannst du mir einen Knopf annähen? Von einem meiner Lieblingshemden/Hosen/Bodys ist ein Knopf abgesprungen und jetzt weiß ich nicht, was ich tun soll... Ich habe schon zweimal versucht, ihn mir wiederanzunähen, aber dabei habe ich mich nur in den Finger gestochen.«

Erfolgsquote: 80% (für ein nettes Gespräch, bei dem sich herausstellt, daß sie auch nicht nähen kann); 50% (daß sie ihn dir annäht)

Gesamtbeurteilung: Wenn sie es wirklich einigermaßen hinkriegt, solltest du sie zum Dank zum Chinesen einladen.

Natürlich kann es im Urlaub immer wieder passieren, daß du und deine Urlaubsliebe nicht dieselbe Sprache sprecht und ihr euch deshalb kaum verständigen könnt. Der Vorteil dabei ist, daß man sich fast nie streitet, der Nachteil, daß man nicht miteinander reden kann. Trotzdem überwiegen unserer Meinung nach die Vorteile und wir halten uns weiterhin an den Spruch: »Lieber Gott, beschütze uns vor Sturm und Wind und Deutschen, die im Ausland sind.«

Freche Sprüche

 Der Unfall
Von etwas härterem Kaliber ist der folgende Trick, bei dem sie denkt, du hättest dir einen Zahn ausgeschlagen: Angenommen, das Objekt deiner schlaflosen Nächte liegt am Strand und beobachtet, was sich so tut. Du schiebst dir schnell ein Popcorn (von der Größe eines Zahnes) in den Mund und läufst dann ganz normal an ihrem Badetuch vorbei zum Strand. Just zwei Meter von ihr entfernt, fliegt dir ein Footballei zwischen die Füße (das deine Freunde geworfen haben), du strauchelst und knallst voll in den Sand. Sie hat sich wahrscheinlich schon erschrocken aufgesetzt und ist im Begriff, dir zu Hilfe zu eilen. Da richtest du den Kopf auf, schüttelst dir den Sand aus den Haaren, spuckst das Popcorn aus und fängst an zu schreien: »Mein Zahn!!! Oh Gott, mein Zahn.« Jetzt solltest du ihr Gesicht sehen...

Erfolgsquote: 65%

Gesamtbeurteilung: Fragt sich, ob sie einen Zahnlosen küssen will...

 Diese Mistbengel...
Eine ziemlich durchtriebene Masche. Du bestichst ein paar einheimische Straßenkinder mit ein paar Süßigkeiten. Dafür tun sie fast alles, z.B.
– ihre Tasche oder ihre Klamotten klauen. Du verfolgst die Kleinen und bringst ihr heldenhaft die Sachen zurück. Paß aber auf, daß sie dir nicht entwischen, sonst flüchtest du am besten gleich mit.
– deine Angebetete mit Wasser bespritzen oder gar mit Sand bewerfen. Du verscheuchst dann heldenhaft die Kinder und läßt dich feiern.

Erfolgsquote: 80%

Gesamtbeurteilung: Schärf den Kindern ein, sich *nicht* nachher noch einmal bei dir für die Süßigkeiten zu bedanken.

☑ Fang!

Wenn sie gerade in deine Richtung schaut, dann wirfst du ihr einfach eine Frisbee (einen Ball, eine kleine Melone) zu und rufst: »Fang!«

Erfolgsquote: 90% (daß sie den Gegenstand fängt); 85% (daß du danach mit ihr ins Gespräch kommst)

Gesamtbeurteilung: Wenn sie aber von deiner Aktion so überrascht ist, daß sie »die Frisbee mit den Zähnen fängt«, dann hast du ein Problem...

Sprüche für Wohlerzogene

☑ Beachball

Wer es gern unkompliziert hat, für den bietet sich folgendes an: Laßt den Beachball/Vollyball oder Fußball, mit dem ihr spielt, in ihre Richtung rollen, so daß sie ihn dir zurückgibt. Dabei kannst du ja eine ganz normale Frage stellen wie: »Sag mal, wir sind heute den ersten Tag hier. Was kann man denn abends machen?« Wenn sie euch nett finden, dann sagen sie euch jetzt den Namen ihrer Stammdisko, wo ihr sie heute abend treffen könnt. Anschlußfragen sind: »Woher kommt ihr?« / »Where are you from?« und vor allem: »Wie lange bleibt ihr noch?«

Erfolgsquote: 90%

Gesamtbeurteilung: Simpel, aber wirkungsvoll. Den Trick kann man natürlich auch noch am 5. Urlaubstag anwenden, wenn ihr sicher seid, daß ihr das Mädchen noch nie getroffen habt bzw. sie gerade erst angekommen ist. (Bitte dann nicht sagen: »Ach, wenn du gerade angekommen bist, dann kann ich dir die und die Disko empfehlen. Dort ist es ganz toll.«)

Ein echter Gentleman
Jetzt noch ein Trick für diejenigen unter euch mit guter Erziehung: »Könntest du die nächsten Minuten ein wenig auf meine Tasche achten? Da ist viel Geld drin. Ich möchte mal rausschwimmen.« Und wenn du zurückkommst, fragst du höflich, ob du ihr zum Dank ein kaltes Getränk kaufen darfst.

Erfolgsquote: 65%

Gesamtbeurteilung: Paß auf, daß nachher nicht Tasche *und* Mädchen weg sind.

 Jeden Tag eine gute Tat
Viele Mädchen übertreiben es mit dem Sonnenbad, vor allem in den ersten Tagen. Wenn sie seit längerem krebsrot und wie tot in der Sonne liegt, solltest du unbedingt eingreifen. Vielleicht ist sie ja eingeschlafen und damit in großer Gefahr. Also gehst du hin und weckst sie mit folgenden Sätzen: »Oh, hab ich dich geweckt? Das tut mir leid. Aber ich habe gerade deine Haut gerettet. Ich bin nämlich Medizinstudent und wollte dich davor bewahren, dir einen fulminanten Sonnenbrand zu holen. Es wäre doch schrecklich, wenn du den Rest des Urlaubs im Bett verbringen müßtest.«

Erfolgsquote: 40%

Gesamtbeurteilung: Das Problem dabei ist, daß viele Mädchen sich um jeden Preis ihre Urlaubsbräune holen wollen. Wenn du dies nun – wenn auch gutgemeint – verhinderst, wird sie vielleicht fuchsteufelswild, weil sie an diesem Tag nicht braun geworden ist. (Deshalb auch die niedrige Erfolgsquote.) Ich habe am Abend schon jemand schlottern sehen, weil er sich am Tage einen Sonnenstich geholt hatte. Aber was soll's ... Schließlich ist nach einer Woche Mallorca ohnehin jeder irgendwie krank. In der Regel holt man sich eine Erkältung, weil man nachts nackt im Meer schwimmt oder sich am Strand vergnügt und dann nur ein oder zwei Stunden schläft, bevor man wieder zum Strand geht.

Variante 1: Du holst einen riesigen Sonnenschirm und stellst ihn über ihr auf. Wenn sie irgendwann aufwacht, wird sie sich freuen, daß du dich so lieb um sie gekümmert hast.

Variante 2: Wenn sie schon einen Sonnenbrand hat, dann biete ihr an, den Rücken einzucremen. Einen fachkundigen Medizinstudenten wird sie bestimmt an sich ranlassen.

☑ **Muscheln und so weiter**
An manchen fernen Stränden lassen sich leicht wunderschöne Muscheln finden. Bring ihr diese Gaben (es können auch Seesterne, Blumen oder pralle, exotische Früchte sein) mit den Worten: »Diese schöne Muschel fand ich vorhin. Als ich dich sah, wußte ich sofort, daß sie für dich bestimmt ist. Ich würde sie dir gerne schenken.«

Erfolgsquote: 100%

Gesamtbeurteilung: Eine gute Einleitung, um sie kennenzulernen. Wenn die Chemie zwischen euch stimmt, werdet ihr bald zusammen ausgehen.

☑ **Bootsfahrt**
Besonders gute Chancen hast du, wenn du ein schnelles Motorboot – oder eine Yacht – besitzt. Du fragst ganz höflich: »Darf ich dich zu einer Bootsfahrt einladen?« Im Handumdrehen ist das Boot voll mit Urlaubsschönheiten und alles weitere ergibt sich wie von selbst.
Tip: Laß sie aber lieber nicht ans Steuer.

Erfolgsquote: Gegen unendlich

Gesamtbeurteilung: Wer hat schon ein Motorboot?

☑ **Eine kleine Einladung tut's auch**
Auch wenn du keine Yacht besitzt, kannst du dich als Gentleman zeigen. Du lädst dein Traummädchen einfach zum Banana-Boat- oder Tretbootfahren ein. So habt ihr gleich eine Menge Spaß zusammen. Wenn sie es dir wert ist, dann lad sie doch zum Wasserskifahren oder

Fallschirmziehen ein. »Ey, bellas, wir gehen zum Bananabootfahren. Wollt ihr nicht mitkommen? Ihr seid sogar eingeladen...«

Erfolgsquote: 98%

Gesamtbeurteilung: Manchmal denke ich, es wäre schöner, als Mädchen geboren zu sein...

☑ **Auf einer Luftmatratze**
Wenn sie, um besser zu bräunen, sich auf einer Luftmatratze treiben läßt, bietet sich folgendes an: Ihr packt euer Schnorchelzeug und eure mitgebrachte Haiflosse aus (gibt es in Deutschland in jedem Scherzartikelgeschäft; gehört zur Reiseausrüstung wie Zahnbürste, Unterhose und Kondome) und schwimmt damit zu ihr hin. Wahrscheinlich döst sie gerade, also weckt ihr sie sanft, indem ihr kurz die Luftmatratze rammt und sie dann im Abstand von einigen Metern umkreist. Nun weicht wahrscheinlich die mühevoll erworbene Bräune sehr schnell aus ihrem Gesicht, und sie wird zu schreien anfangen. Das ist das Zeichen für deinen Freund, der sich in bester Baywatch-Manier ins Wasser stürzt und mit kraftvollen Zügen an den Ort des Schreckens eilt. Du suchst nun das Weite und überläßt ihm das Feld. Er schließt sie in seine kräftigen Arme und sagt leicht tadelnd: »Wußtest du nicht, daß Haialarm gegeben wurde?« Dann lädt er sie für den Abend zum Haifischessen in ein gutes Restaurant ein.

Erfolgsquote: 80%

Gesamtbeurteilung: Paß auf die Fischerboote auf, sonst landest du selbst auf dem Teller...

Variante: Wenn dein Freund nicht gut schwimmen kann, sollte er sich halt ein Tretboot mieten und in ihrer Nähe bleiben, so daß sie sich zu ihm aufs Tretboot retten kann.

☑ »Schlaf nicht ein, sonst wachst du in Marokko auf.«

Erfolgsquote: 70%

Gesamtbeurteilung: Geht natürlich nicht, wenn ihr euch auf den Malediven befindet..

☑ Natürlich gibt es auch noch den rabiateren Typ, der wildfremde Mädchen von ihrer Luftmatratze wirft. Das finden aber die wenigsten Mädchen lustig und einige reagieren ausgesprochen sauer – zu Recht, wie ich finde. Deshalb gibt es dafür 0 Punkte. Genauso schlecht sind Jungs, die ein am Strand liegendes Mädchen einfach packen und ins Meer werfen (für diesen »Trick« gibt es deshalb doppelte Punktzahl). Anders ist es, wenn die Mädels zu eurer Gruppe gehören, dann kann es schon sehr lustig sein. Bei fremden Mädels kommt es aber wirklich nicht gut... Wenn ihr unbedingt meint, ihr müßt auf eine solche Art jemand kennenlernen, dann reicht es auch, sie mit diesen Riesenwasserpistolen (Super Soaker) naßzuspritzen.

Süßholzraspeln

 Vorurteile gegenüber Ausländern
Ganz locker gehst du auf die beiden Mädchen zu, die du vorhin schwedisch miteinander sprechen hörtest. »You must be from Sweden, right? (Ihr seid Schwedinnen, stimmt's?) – Yes, how comes you know? – Cause I heard the rumour, that every swedish girl is blond and good-looking. (Nun, ich habe gehört, daß alle Schwedinnen blond sind und gut aussehen.)«

Erfolgsquote: 60%

Gesamtbeurteilung: Immer diese Vorurteile gegenüber Ausländern, also wirklich...

Ihr solltet neben Deutsch mindestens noch gut Englisch sprechen, da sowohl Skandinavierinnen als auch Holländerinnen diese Sprache beherrschen. Daneben solltet ihr aber über Grundkenntnisse in mindestens zwei weiteren Sprachen verfügen, denn eines ist wohl klar: Je mehr Sprachen ihr sprecht, desto größer sind eure Chancen. Schon wenn man nur wenige Wörter weiß, kann man damit Achtungserfolge erzielen.

Es braucht wohl nicht erwähnt zu werden, daß eure Chancen am Strand größer sind, wenn nicht nur euer Hirn gebildet, sondern auch euer Body »gebuildet« ist. Also besorgt euch eine fesche Badehose und geht vor dem Urlaub wenigstens hin und wieder ins Fitneß-Studio.

Die besten Chancen habt ihr, wenn ihr gut im Beachvolleyball seid. Dann kommen nämlich eine Menge Leute, um euch zuzusehen und anzufeuern. Aber auch wer nur das normale tennisähnliche Beachball beherrscht, ist als Spielpartner begehrt.

Verboten, aber manchmal unumgänglich ist es, sich an den Pool eines der teuren Hotels zu legen. Denn manchen Mädchen ist der Strand zu sandig oder zu schmutzig und sie lassen sich dort niemals blicken. Im Prinzip kannst du am Pool dieselben Tricks anwenden wie am Strand (außer vielleicht Küsse oder Obst zu verkaufen). Zusätzlich könnt ihr euch an der Rezeption mit Zeitschriften eindecken und sie überall herumliegen lassen. Vielleicht fragt euch dann das Mädel eures Herzens, ob sie sich eine ausborgen kann.

In der Urlaubsdisko

Einer der wichtigsten Orte, um im Urlaub jemanden des anderen Geschlechts kennenzulernen, ist die Urlaubsdisko. In vielen Orten gibt es eine große, wo sich alles konzentriert, während in anderen die Gäste ausbleiben. Im Laufe des Tages habt ihr sicher schon in Erfahrung gebracht, welcher Schuppen angesagt ist. Nun ist es also endlich nach 24 Uhr und ihr betretet den Tanzpalast. Man kann sagen, daß die Stimmung in der Disko während des Urlaubs grundsätzlich lockerer ist als zu Hause. Die Jungen und Mädels sind hier unbelastet von Alltagszwängen und frei von sozialer Kontrolle durch Eltern oder Umgebung. Viele wollen im Urlaub mal so richtig die Sau rauslassen und all das tun, was sie sich zu Hause nicht trauen. Beste Voraussetzungen also...

In der Disko seht ihr euch erst einmal in Ruhe um und nehmt euer Freigetränk in Anspruch. Mädels ohne Freund erkennt ihr daran, daß sie alleine oder zu zweit herumstehen oder die ganze Zeit tanzen. Mädchen, deren Freund sich in der Disko befindet, könnt ihr natürlich auch verführen, es ist aber schwieriger. Trefft eure Wahl sorgfältig, denn mehr als drei bis vier Versuche habt ihr nicht pro Abend. Du kannst sicher sein, daß es bemerkt wird, wenn du den ganzen Abend von einer Frau zur anderen rennst.

Wenn du die Eine entdeckt hast, versuche Blickkontakt herzustellen (»Augenvögeln«) und eine Gedankenverbindung aufzunehmen (d.h. konzentriere dich auf sie). Wenn sie gerade tanzt, dann begib dich auch auf die Tanzfläche und tanze in ihrer Nähe. Vermeide zunächst, direkt mit ihr zu tanzen, versuche vielmehr ihre Blicke auf dich zu ziehen. Drück mit deinem Tanzstil aus, wie sehr du dich freust, im Urlaub zu sein, lach sie an. Wenn sie merkt, wie gut du drauf bist, kommt sie schon von selbst angetanzt.

☑ **Regen in Deutschland**

Jetzt winkst du sie heran und sagst lachend: »Weißt du, daß es in Deutschland gerade in Strömen regnet?« (Do you know, that it's pissing rain right now in the UK/ in Sweden/Holland etc.)

Erfolgsquote: 95%

Gesamtbeurteilung: Sehr gut, um ein Gespräch zu beginnen! Mit dem Partyspruch stellst du sofort ein Zusammengehörigkeitsgefühl her, denn während ihr euch amüsiert, sitzen die armen Wichte zu Hause im Regen. Natürlich muß es nicht wirklich in Deutschland regnen (allerdings sollten die Zeitungen auch nicht gerade über eine extreme Trockenperiode in Deutschland berichten).

☑ **Geburtstag**

Wenn du deinen Geburtstag in der Disko feierst, lernst du naturgemäß sehr viele neue Leute kennen. Du kannst auch einfach so tun, als ob du oder jemand anders Geburtstag hast: »Hallo! Mein Freund hat heute Geburtstag. Feiert ihr mit?«

Erfolgsquote: 75%

Gesamtbeurteilung: Da ihr den Mädels jetzt auch etwas zu trinken spendieren müßt, kann es unter Umständen teuer werden. Aber schließlich hast ja nicht du, sondern dein Freund Geburtstag. Also soll er die Rechnung zahlen. (Wenn du zuviele Mädchen mit diesem Trick anmachst, hast du am nächsten Morgen einen Freund weniger..)

☑ Hey, du...

»Hey, du warst doch gestern auch auf der Beach-Party, oder?« (Didn't I meet you at the beach party yesterday night?)

Erfolgsquote: 40%

Gesamtbeurteilung: Die neue Version von: »Kennen wir uns nicht irgendwoher?« Funktioniert nur, wenn sie sowieso etwas von dir will...

☑ Traurig?

Jedermann kennt jene Gestalten, die in der Disko herumstehen und schon am ersten Tag so gucken, als wäre ihr Urlaub morgen zu Ende. Wenn dir ein solches Mädel dennoch gut gefällt, kannst du sie ja mit folgendem Spruch aufzumuntern versuchen: »Wieso machst du so ein trauriges Gesicht?«

Erfolgquote: 70%

Gesamtbeurteilung: Das geht natürlich nur, wenn sie tatsächlich ein bißchen unbeholfen herumsteht. Bei einem Mädchen, das gerade hemmungslos lacht, verfehlt der Spruch seine Wirkung.

☑ Wie bitte?

Wenn das Mädchen direkt vor der Box steht, kannst du sie auch mit dem sinnigen Spruch: »jaszqowhtz kjh alssdlfj« ansprechen. Wahrscheinlich wird sie dir nun ein Zeichen machen, daß sie dich nicht verstanden hat. Dann gib ihr per Handzeichen zu verstehen, daß sie mit dir in eine ruhige Ecke kommen soll. Wenn du ihr Typ bist, wird sie sich auf diesen Ortswechsel einlassen, und damit hast du schon die erste Hürde genommen. Dort kannst du dann mit irgendeinem anderen Spruch aus diesem Buch weitermachen.

Erfolgsquote: 35 %

Gesamtbeurteilung: Vielleicht spricht sie aber auch bloß eine andere Sprache und versteht dich deshalb nicht . . .

 Das Mauerblümchen
Wenn das Mädchen einsam und verlassen herumsitzt, bietet sich an, zu fragen: »Möchtest du mit mir tanzen?« (Wanna dance with me?)

Erfolgsquote: 40 %

Gesamtbeurteilung: comme ci, comme ca . . .

 Eine Warnung
»Vorsicht, die kippen hier Drogen in die Drinks, hat mir der eine Kellner vorhin gesagt . . .«

Erfolgsquote: 80 %

Gesamtbeurteilung: Mit dem Spruch erregst du sofort die Aufmerksamkeit des Mädchens, er ist allerdings mit Risiken verbunden: Du könntest Ärger mit dem Management der Disko bekommen. Zum Teil haben Mädchen auf diesen Trick sehr unerwartet reagiert. So antwortete ein Achtzehnjährige: »Ehrlich, dann trinke ich sofort noch eine Cola. Ich hab mich schon gewundert, daß die Getränke hier so teuer sind.«

 Der Rüpel
Du arbeitest wieder mit einem Freund zusammen. Er macht deine Traumfrau sehr unverschämt an. Dabei wird er zudringlich und ignoriert auch ihre deutliche Ablehnung. Daraufhin sprichst du ihn an: »Lassen Sie die Dame in Ruhe.«

Jetzt spielt er den Aggressiven, aber du verscheuchst ihn cool mit einer Drohgebärde.

Wenn sie das abgekartete Spiel nicht durchschaut, ist sie wahrscheinlich froh, daß du ihr geholfen hast.

Erfolgsquote: 35%

Gesamtbeurteilung: Der Trick hat inzwischen auch schon einen Bart. Außerdem können – glücklicherweise – immer mehr Frauen sich selbst verteidigen, die Sache könnte für deinen Freund auch übel ausgehen.

☑ Wünsch dir beim DJ das Lieblingslied eines Mädchens, wenn du weißt, welches es ist. Vielleicht sagt der DJ noch einen besonderen Gruß durchs Mikro, z.B. »Für die wilde Tänzerin mit den langen schwarzen Haaren und dem weißen Body. Von einem Jungen, der gerne dein Labello sein würde...« Wenn sie sich nun suchend umsieht, rührst du dich nicht. Erst fünf Minuten später gehst du auf die Tanzfläche und läßt wie zufällig deinen Labello fallen. Wenn sie dich jetzt nicht anspricht und sich für das Lied bedankt, dann hast du an ihr nichts verloren.

Erfolgsquote: 55%

Gesamtbeurteilung: Paß nur auf, daß keine andere deinen Labello aufhebt...

Süßholzraspeln

Die Kunst, Komplimente zu machen, besteht darin, einem Fremden aufrichtig, aber schön verpackt, zu sagen: »Du gefällst mir!« oder »Ich mag dich«. Fast jeder Mensch reagiert positiv, wenn du deine Zuneigung nicht mit geheuchelten Superlativen ausdrückst, sondern in aufrichtiger Bewunderung.

☑ **Ein kleines Kompliment**
Wenn du zwei hübsche Frauen entdeckst, die irgendwo alleine herumstehen, dann erkundige dich: »Was müssen eure Freunde für Trottel

sein, wenn sie zwei so wunderschöne Frauen wie euch auch nur eine Sekunde aus den Augen lassen.«

Erfolgsquote: 60%

Gesamtbeurteilung: Kommt gut, wenn ihr ihn richtig schön aufsagt. Du machst ihr gleichzeitig auf witzige Art ein Kompliment, und das gefällt fast allen Frauen.

Sprüche für Wohlerzogene

 Normalos

Natürlich gibt es auch langweiligere, dennoch nicht weniger erfolgversprechende Sprüche: »Bist du heute zum ersten mal hier? Ich hab dich noch nie gesehen...«

»Spielen die immer so schlechte Musik hier?« (Vorsicht! Vielleicht fährt sie voll darauf ab.)

»Wie lange hat der Laden eigentlich offen?«

Als grundsätzlicher Tip kann gelten, den Gesprächsfaden nicht abreißen zu lassen. Selbst der größte Blödsinn ist interessanter als Schweigen. Ganz nebenbei sollte man irgendwann die Frage einfließen lassen: »Wo ist eigentlich dein Freund?« Jetzt sind zwei Antworten möglich:
– »Er steht genau hinter dir.«
– »Ich habe keinen Freund./Er ist in Deutschland.«

Im ersten Fall antwortest du: »Dann gehen *wir* wohl besser.« Im zweiten Fall setzt du das Gespräch ruhig fort.

Wenn du merkst, daß sie gerne mit dir zusammenkommen möchte, fragst du vorsichtig, ob sie Lust hat, etwas zu trinken. Wie inzwischen wohl allgemein bekannt, ist das Brüderschafttrinken eine gute Gelegenheit, sich näherzukommen. Wenn du kein Geld mehr hast (das kann im Urlaub leicht passieren), fragst du am besten gleich: »Möchtest du spazierengehen?« (Wanna go for a walk/to the beach?) Und nun brauchst du ja wirklich keine Anleitung mehr, oder?

☑ **Sonnenaufgang**
In Urlaubsdiskos wird häufig die Nacht durchgefeiert. Zu früher Stunde kommt folgender Spruch besonders gut: »Draußen geht gerade die Sonne auf. Wollen wir uns diesen wunderschönen Sonnenaufgang zusammen ansehen?«

Erfolgsquote: 50%

Gesamtbeurteilung: Wenn es bis dahin nicht geklappt hat, dann klappt es zu so später Stunde auch nicht mehr... Aber immerhin zeigst du ihr, daß du Sinn für Romantik hast.

Freche Sprüche

In vielen Urlaubsorten geht es so hoch her, daß auch etwas gewagtere Anmachtricks erfolgreich sind, insbesondere dann, wenn alle schon ziemlich angeheitert sind. Unter diesem Vorbehalt sind die folgenden Tricks zu sehen:

☑ Wenn das Mädchen, daß dir gefällt, blond ist, dann geh zu ihr hin und erzähl ihr einfach einen Blondinenwitz. Natürlich einen von den softeren, z.B.: »Was macht eine Blondine nach dem Aufstehen?« Antwort: »Sie zieht sich an und geht nach Hause.«

Erfolgsquote: 40%

Gesamtbeurteilung: Wenn sie cool ist, antwortet sie mit einem Chauvinistinnen-Witz und ihr habt für den Rest des Abends ein hervorragendes Gesprächsthema. Wenn sie unsicher ist, reagiert sie wahrscheinlich gekränkt.

☑ Sag ihr ganz offen, daß sie dir gefällt und du sie begehrst. »Sag mal, verliebst du dich auch so oft? Ich verliebe mich ziemlich häufig.«

Erfolgsquote: 30%

Gesamtbeurteilung: Je später der Abend, desto schöner die Frauen und desto leichter verliebst du dich...

☑ »Ich habe gerade unglaubliche Lust, deinen roten Mund zu küssen.«

Erfolgsquote: 15%

Gesamtbeurteilung: Werde nicht übermütig...

 »Neben dir würde ich gerne mal aufwachen.«

Erfolgsquote: 10% (daß du tatsächlich neben ihr aufwachst)

Gesamtbeurteilung: Hoffentlich sieht sie auch am Morgen noch so gut aus, wie am Abend zuvor...

Du gehst ganz locker an einem Mädchen vorbei und sagst dabei kurz (aber deutlich) zu ihr: »Komm mit!« oder »Komm mal gerade mit raus, ich möchte dir etwas zeigen«. Wenn du ihr gefällst, dann kommt sie tatsächlich mit hinaus. Draußen fragt sie dann wahrscheinlich, was es denn zu sehen gäbe. »Etwas, das du bestimmt noch nicht kennst«, antwortest du – und gibst ihr einen umwerfenden Kuß.

Erfolgsquote: 40% (daß sie mit nach draußen kommt); 20% (daß sie den Kuß erwidert)

»Willst du mit mir schlafen?«

Erfolgsquote: 5-10%

Gesamtbeurteilung: Mit diesem »Trick« bist du entweder sofort am Ziel, oder du bekommst eine fürchterliche Ohrfeige.

Du kannst diese Frage ja auch verpacken, z.B. so: »Würdest du mit einem wildfremden Typen Hals über Kopf ins Bett hüpfen?« Vielleicht erhälst du ja folgende Antwort: »Niemals, alter Freund...«

Da du im Urlaub üblicherweise mehr ausländische als deutsche Mädchen triffst, solltest du ein paar Sprüche auch auf Englisch beherrschen. Aber noch mal der Hinweis, daß sie nur in ausgesprochen gelöster Atmosphäre und wenn sie dir ohnehin schon mit den Augen signalisiert hat, was sie möchte, empfehlenswert sind.

»Nice shoes - wanna fuck?«

»Do you sleep on your stomach? – No? – Can I?«

»I like every muscle in your body - especially mine...«

»Let's go to my place and do the things I'll anyway tell everybody we did.«
»This shirt would look perfect lying scrambled on your bedroom's floor, wouldn't it?«

Oder du befeuchtet ganz leicht deinen Zeigefinger mit den Lippen, berührst damit ihren Pulli und sagst: »Let's get out off these wet clothes and go to my place ...«

💣 (gilt für alle Sprüche in dieser Rubrik)

Was aber machst du, wenn sie dich schon zweimal hat abblitzen lassen? Du holst dir ein Bier und denkst dir: »Beer is better than women? Why? Beer is always wet ...«

Damit genug der Verführungstricks für den Sommerurlaub. Nur noch ein paar grundsätzliche Hinweise, die das Kennenlernen erleichtern: Wenn ihr gut gebaut seid, dann macht bei einer Mister-Wahl mit, wie sie in vielen Urlaubsdiskos wöchentlich veranstaltet werden. Danach seid ihr bekannt wie bunte Hunde und könnt euch vor Angeboten kaum retten.

Was man natürlich im Urlaub immer machen kann, wenn man Spaß haben will: sich für jemanden anders ausgeben, als man in Wirklichkeit ist. Erzählt ein paar wilde Storys, z.B. daß ihr im nationalen Volleyball oder Footballteam seid, daß ihr Beavis & Butt-Head heißt, daß ihr bei den letzten Olympischen Spielen dabei ward, daß ihr staatenlos seid, weil ihr in einem Flugzeug geboren wurdet, usw. Erzählt, daß ihr schwul seid und geheilt werden möchtet oder sonst irgendeinen Unsinn. Es ist unglaublich, was die Leute alles glauben. Im letzten Skiurlaub gab ich mich zusammen mit einem Freund als Snowboard-Lehrer aus (obwohl wir kaum fahren konnten), und am dritten Tag hatten wir schon 5 Schülerinnen, die brav unsere Bögen hinterherfuhren. (Eines jedoch glaubte mir bisher niemand im Urlaub, nämlich daß ich ein Buch schreibe. Das gab mir zu denken.)

Mutige Leute antworten, wenn sie nach ihrem Namen gefragt werden, mit: Moritz G. Kulling (sprich: Moritz G-Punkt Kulling). Eurer Phantasie sind keine Grenzen gesetzt. Noch ein Tip: Schreib dir die Namen all der Mädchen, die du kennenlernst, auf einen kleinen Zettel auf, sonst wirst du sie todsicher durcheinander bringen und Patricia mit Stefanie anreden, was dazu führt, daß du Patricia los bist.

Bei allem Spaß hat es aber auch Nachteile, wenn ihr nicht allein, sondern mit einem Freund loszieht. Schnell kann nämlich aus einem Freund ein Rivale werden, wenn ihr euch dummerweise in dasselbe Mädchen verliebt. Dann mußt du zunächst einmal mit deinem Freund ein klärendes Gespräch führen (»Ich habe sie zuerst gesehen!« »Nein, ich!«) Häufig macht man dabei den Fehler, das Fell des Bären zu verteilen, bevor er überhaupt erlegt ist. Denn schließlich gibt es immer einen lachenden Dritten...

Die Situation sieht anders aus, wenn dein Freund mit dem Mädchen, das du begehrst, schon zusammen ist. Ist sie **dir** wirklich so viel wert, daß du dafür einen Freund verlieren willst? Ich persönlich versuche niemals, einem guten Freund die Freundin auszuspannen. Es gibt 2,5 Milliarden Frauen auf der Welt; da kann man auf die wenigen, die schon vergeben sind, gut verzichten...

Der Fairneß halber sollte man mit dem Mädchen vorher absprechen, ob man nur an einem One-Night-Stand, einer Urlaubsbeziehung oder einer festen Partnerschaft auch für zu Hause interessiert ist. Denn auch schon manchem Jungen wurde das Herz gebrochen, weil er dachte, er wäre jetzt mit dem Mädchen, mit dem er geschlafen hatte, fest zusammen, während sie sich nur eine Nacht vergnügen wollte. Jedenfalls sollte man als Junge dem Mädchen auf keinen Fall Liebe vorspielen, wenn man nur Sex will. Entweder will sie auch nur Sex – oder du solltest die Finger von ihr lassen. Aber letztlich ist niemand davor gefeit, sich in einer leidenschaftlichen Nacht zu verlieben.

Auf gar keinen Fall sollte man versuchen, irgendein Mädchen betrunken zu machen. Erstens ist Sex nur dann schön, wenn beide aus freiem Willen zusammen »es« tun. Zweitens vertragen Mädchen heute eine Menge, und wenn du kräftig mittrinkst, bist du vielleicht nachher gar nicht mehr in der Lage, »deinen Mann zu stehen«. Und drittens hast du am nächsten Morgen ziemlichen Ärger, wenn sie wirklich nicht wollte.

Was aber soll man machen, wenn sie den Sex so toll fand, daß sie gerne mit dir wieder zusammenkommen würde, du aber nicht mit ihr. Daß man sich nach einer leidenschaftlichen Nacht ineinander verliebt, kommt viel häufiger vor, als gemeinhin angenommen wird. Wenn das Verlangen beiderseitig ist, dann wird der One-Night-Stand in eine sexuelle Beziehung münden, die sich langfristig auch zu einer festen Beziehung entwickeln kann (aber nicht muß). Wenn du aber die Frau aus irgendeinem Grund wieder loswerden willst (z.B. weil du es nicht so toll mit ihr fandest), dann gibt es auch hierfür Tricks:

– Erzähl ihr, daß du morgen auf ein Seminar mußt und nächste Woche für drei Wochen in Urlaub fliegst.

– Erwähne beiläufig, daß morgen leider deine Freundin aus Amerika zurückkommt, wo sie sich die letzten 2 Monate aufgehalten hat.

– Mach einen geknickten Eindruck und sag ihr, daß du ein bestimmtes Mädchen einfach nicht vergessen kannst. So nett du sie auch fändest, die andere geht dir einfach nicht aus dem Kopf.

Ein letzter guter Rat: Die wichtigste Charaktereigenschaft eines guten Verführers ist – nicht Humor, Spontaneität, Ehrlichkeit oder ähnliches, sondern Diskretion. Erzähl niemals großspurig herum, mit wem du ein Techtelmechtel hattest. Plaudere niemals, auch nicht zu den engsten Freunden, intime Einzelheiten aus, die dir in stillen Stunden anvertraut wurden. Es spricht sich auch bei Frauen schnell herum, wer eine Schwätzbacke ist und wer über ein kleines Abenteuer schweigen kann.

Schlechte Sprüche

So wie es empfehlenswerte Sprüche gibt, muß man von einigen auch ausdrücklich abraten. Diese sind abgedroschen, jede Frau hat sie wahrscheinlich schon unzählige Male gehört. Folgende solltest du deshalb tunlichst vermeiden:

 »Kennen wir uns nicht irgendwoher?«

Gesamtbeurteilung: Langweilig und alt. Da jeder Zweite diesen Spruch bringt, zeugt es nur von deiner Einfallslosigkeit, wenn du ein unbekanntes Mädchen auf diese Art ansprichst. Selbst wenn du wirklich glaubst, sie irgendwoher zu kennen, aber dir partout nicht einfällt, wann ihr euch getroffen habt, solltest du direkt fragen: »Kennen wir uns nicht von dieser oder jener Party oder Vernissage?«

Wenn hingegen ein Mädchen, das du noch nie gesehen hast, dich auf diese Weise anspricht, dann solltest du antworten: »Noch nicht...«

»Du hast aber schöne Augen/Zähne/Haare/Beine oder was auch immer.«

Gesamtbeurteilung: Bitte nicht als ersten Satz. Sie will keinen unkritischen Bewunderer, sondern jemanden, dessen Neugierde sie weckt. Das erreichst du bestimmt nicht, indem du sie anhimmelst. Wenn schon, dann laß dieses Kompliment etwas später einfließen: »Weißt du eigentlich, daß du das Mädchen mit den schönsten Haaren/Augen etc. in dieser Disko bist?«

»Möchtest du etwas trinken?«

Gesamtbeurteilung: Ebenfalls kein erster Satz. Wenn du ihr gleich als erstes anbietest, Geld für sie auszugeben, könnte sie denken, du willst sie kaufen. Es spricht aber viel dafür, sie irgendwann später, nachdem ihr euch ein bißchen kennengelernt habt, zu einem Drink einzuladen.

»Ich liebe dich.«

Gesamtbeurteilung: Das braucht wohl keinen Kommentar. Es ist das absolut Schlechteste, was man, auch nach ausgiebigem Augenkontakt, sagen kann. Wer dies als ersten Satz bringt, zeigt nur, daß er von Liebe keine Ahnung hat. Das gilt auch, wenn sie dir durch Blicke schon zu verstehen gegeben hat, daß sie vielleicht die Nacht mit dir verbringen möchte.

»Meine Freundin hat mich gestern verlassen, das alte Miststück. Ich bin jetzt todunglücklich und brauche jemanden, der mich tröstet.«

Gesamtbeurteilung: So groß kann die Liebe ja nicht gewesen sein, wenn du schon an der Nächsten herumgräbst. Außerdem gehört es sich wirklich nicht, über Ex-Freundinnen zu lästern oder sie gar zu beschimpfen.

☑ »Ich bin heute im Sonderangebot, greifen sie zu.«

Gesamtbeurteilung: Bist du eine männliche Prostituierte, oder was?

☑ »Du weißt ja gar nicht, was du verpaßt, wenn du jetzt nicht mit mir tanzt/ißt/schläfst.«

Gesamtbeurteilung: Einbildung ersetzt manchmal Bildung. Ich frage mich, was du eigentlich nachts träumst, du Tagträumer.

☑ »Entschuldigen Sie, darf ich mich vorstellen, ich heiße Andreas Wassermann und bin Anwalt.« (oder sonst irgend etwas)

Gesamtbeurteilung: Wenn du schon so anfängst, wirst du wahrscheinlich auch den restlichen Abend nur von dir reden. Etwas anderes ist es natürlich, wenn ihr offiziell einander vorgestellt werdet. Aber eine wildfremde Frau mit diesen Worten anzusprechen, ist einfach stillos.

☑ »Hast du mal Feuer?« oder »Hast du mal eine Zigarette?«

Erfolgsquote: 30%

Gesamtbeurteilung: Gähn, den Spruch kannten schon unsere Großväter. Sei lieber unverschämt: Wenn sie raucht, dann nimm einfach ihre Hand, führe die Zigarette an deinen Mund und zieh genüßlich. Fast alle Mädchen lassen sich das gefallen und beginnen dann von sich aus ein Gespräch.

Tip: Diese Regel gilt generell. Nimm dir im Vorbeigehen eine Pommes von ihrem Teller, klau ihr einen Chips o.ä. Vergiß aber nie, sie dabei jungenhaft-unschuldig anzulächeln.

Zurück in Deutschland

Nicht ganz so leicht wie in der unbeschwingt knisternden Atmosphäre am Urlaubsort ist es im heimatlichen Deutschland, jemanden kennenzulernen. Da ihr euch aber die meiste Zeit des Jahres hier aufhaltet (vermute ich mal), folgen nun Sprüche, die ihr in den verschiedenen Situationen zu Hause anwenden könnt. Bevor wir beginnen, noch ein paar allgemeine Tips zur hohen Kunst des Flirtens:

Beim Flirt ist der Weg das Ziel. Wenn man zu flirten beginnt, also z.B. einen aufgefangenen Blick keß zurückwirft, dann denkt man im Traum noch nicht daran, daß aus diesem Spiel irgendwann einmal eine Eroberung werden könnte. Man flirtet einfach um des Flirtens willen, weil es Spaß macht und gut fürs Selbstvertrauen ist, wenn ein anderer dich offensichtlich attraktiv findet.

Wie schon gesagt, sollte man zuerst immer den Blickkontakt suchen. Wenn sie hier schon krampfhaft auf den Boden starrt, ist es vergebliche Liebesmüh, sie anzusprechen. Wenn der Augenkontakt zustandekommt, dann zieh sie bitte nicht gleich mit Blicken aus, pfeif ihr nach oder fahr dir mit der Zunge über die Lippen. Jede dieser Aktionen senkt deine Chance mit Sicherheit auf Null. Was der richtige Blick ist, ist schwer zu beschreiben. In Worte gefaßt, muß er besagen: »Du bist eine tolle Frau und vielleicht könnte ich bei dir schwach werden, obwohl ich eigentlich mit meinem jetzigen Leben sehr zufrieden bin und keine Veränderung herbeisehne.«

Wenn ihr den Blickkontakt einen Moment gehalten habt, dann kannst du es wagen, sie offen anzulächeln. Ein Lächeln wirkt entwaffnend und nimmt der Situation die Spannung. Mit großer Wahrscheinlichkeit wird sie verschmitzt zurücklächeln, so als teilt ihr ein Geheimnis. Fang jetzt bitte nicht an zu grinsen wie ein Honigkuchenpferd, sondern mach den Spruch...

Auf der Straße

Auf der Straße jemanden kennenzulernen, ist schwierig. Andererseits ist die Wahrscheinlichkeit groß, daß dir gerade dort deine Traumfrau über den Weg läuft. Wie heißt es so schön: »Das Glück liegt auf der Straße.« Geh deshalb nicht allzu schlampig angezogen außer Haus.

Vielleicht begegnet dir auf dem kurzen Weg zum Briefkasten ja Linda Evangelisti. Die Erfolgsquoten sind hier logischerweise niedriger als im Urlaub, denn viele Menschen sind wirklich in Eile und schon deshalb nicht empfänglich für irgendwelche Annäherungsversuche.

☑ Verlorene Wette

Wenn du mit einem Freund unterwegs bist und ihr seht ein oder mehrere interessante Mädels, dann könnt ihr ja den folgenden Trick anwenden: Zerknirscht sprichst du sie an: »Ich habe gerade mit meinem Freund gewettet, ob Jamaika ein Eishockey-Team hat (oder einen ähnlichen Unsinn) und leider verloren. Jetzt muß ich den nächsten Menschen, den ich treffe, zu einem Eis einladen – und das bist du!«

Erfolgsquote: (nettes Gespräch: 90%; Eisessengehen: 20%)

Gesamtbeurteilung: Nicht schlecht, weil du von Anfang an deutlich machst, daß du sie nicht anbaggern willst, sondern notgedrungen deine Wettschulden erfüllen mußt.

☑ Geld wechseln

Nehmen wir mal an, dir kommt das Mädchen entgegen, auf das du schon immer gewartet hast. Selbst wenn sie noch ein gutes Stück entfernt ist, bleibst du stehen und kramst in deiner Tasche. Sie hat dich aufmerksam beobachtet und schickt sich gerade an, an dir vorbeizugehen, da sprichst du sie mit folgenden Worten an: »Könntest du zufällig einen 10 DM-Schein wechseln, ich muß dringend telefonieren und habe kein Kleingeld.« Dabei hoffst du natürlich, daß sie nicht wechseln kann, denn dann geht es folgendermaßen weiter: »Wie ärgerlich, ich muß unbedingt in den nächsten 5 Minuten einen Freund erreichen. Würde es dir etwas ausmachen, mir drei Zehner/eine Mark/fünf Mark zu geben. Ich schicke dir das Geld auf alle Fälle zurück.« Wenn du ihr Typ bist, dann wird sie dir gerne das Geld geben und sich standhaft weigern, es sich zurückschicken zu lassen. Du aber bestehst darauf und fragst weiterhin nach ihrer Adresse. Wenn sie nicht ganz auf den Kopf gefallen ist, wird sie bald merken, wie der Hase läuft und dir ihre Adresse geben (zumindest in 6 von 10 Fällen) »Ich kann dich ja statt dessen mal zu einem Kaffee einladen...« sagst du noch, bevor du mit den Worten: »Danke, du hast mein Leben gerettet« in Richtung Telefonzelle davonspurtest.

Erfolgsquote: 60%

Gesamtbeurteilung: Zieh dir keine gammeligen Sachen an, sonst denkt sie am Ende noch, du wolltest sie anbetteln...

☑ Der folgende Trick ist nur für Kontaktlinsenträger anwendbar.
Nimm eine Kontaktlinse heraus und steck sie in die Tasche. Dann warte, bis das Mädchen in deine Richtung schaut. Jetzt laß dich auf alle viere nieder und kriech auf der Erde herum. Wenn sie fragt, was denn los ist, antworte: »Verdammt, ich habe meine Kontaktschale verloren. Könntest du mir suchen helfen?« Nach einiger Zeit holst du sie heimlich aus der Tasche und verkündest: »Heureka, ich hab sie gefunden...« Als Dank für ihre Hilfe lädst du sie zum Eisessen ein.

Erfolgsquote: 80%

Gesamtbeurteilung: Schließlich heißt die Kontaktschale ja Kontaktschale, weil man mit ihrer Hilfe leicht Kontakt findet.

 Die Meinungsumfrage
Voraussetzung: du hast Schreibblock und Stift dabei.
    Du sprichst den Traum deiner schlaflosen Nächte mit folgendem Satz an: –Guten Tag! Wir machen hier eine Umfrage und würden gern Ihre Meinung wissen. Was halten Sie von unverschämter Anmache auf der Straße?« (Vielleicht wird sie jetzt schon anfangen zu lachen, vielleicht wird sie sich aber auch ernsthaft dem Interview stellen und irgendwelche Auskünfte geben.) »Wir prüfen natürlich auch den Wahrheitsgehalt Ihrer Aussagen. Deshalb werde ich Sie in den nächsten Tagen noch mal anrufen und zum Essen einladen.«

Erfolgsquote: 45%

Gesamtbeurteilung: Wenn sie solo ist (oder einen neuen Freund – oder das Abenteuer – sucht), dann hast du mit diesem Verführungstrick gute Chancen. Dann wird sie dir nämlich ihre Telefonnummer und Adresse geben und sich gerne zum Essen einladen lassen.

☑ **Fotomodell**

»Hast du schon mal als Fotomodell gearbeitet?« »Nein.« »Hast du Lust, es auszuprobieren?«

Diese Anmache ist gemein, weil du dabei unerfüllbare Erwartungen bei dem Mädchen weckst. Andererseits ist sie so erfolgreich wie keine andere. Das liegt wohl daran, daß so gut wie jedes Mädchen davon träumt, einmal Modell zu werden.

Wenn du es mit deinem Gewissen vereinbaren kannst, diese Anmache zu benutzen, dann denk dir vorher eine kleine Geschichte aus, z.B. daß du freier Mitarbeiter von Coca-Cola oder Levis-Jeans bist und in deren Auftrag überdurchschnittlich gutaussehende junge Leute zwischen 17 und 22 ansprichst. »Also, wenn du Lust dazu hast, dann gib mir deine Adresse und ein Photo von dir. Ich werde es an die Agentur weitergeben. Ich kann dir aber nicht garantieren, daß du genommen wirst. Das entscheidet der Werbemanager. Aber ich kann ja ein gutes Wort für dich einlegen.«

Beim nächsten Telefonat sagst du ihr dann, daß sie erst in drei bis vier Monaten ihren ersten Shooting-Termin hat. Bis dahin hat sich längst entschieden, ob ihr zusammenkommt oder nicht. Achte darauf, bei der Anmache so zu tun, als seist du persönlich überhaupt nicht an ihr interessiert. Es strahlt Seriösität aus, wenn du vorgibst, nur deinen Job zu tun.

Der Vorteil bei diesem Trick ist, daß du sofort ein Photo von deiner Angebeteten erhältst.

Erfolgsquote: 95%

Gesamtbeurteilung: Es ist fies, etwas zu versprechen, was man dann doch nicht halten kann. Wenn das Mädchen rauskriegt, daß du geschwindelt hast, wird sie zu Recht ziemlich sauer werden. Laß also lieber die Finger davon...

Sprüche für Wohlerzogene

☑ **Höflichkeit, die erste**

Wenn du siehst, wie sie sich mit schweren Einkaufstaschen herumplagt, kannst du ganz einfach fragen: »Soll ich Ihnen helfen?« Nimm ihr mit einem charmanten Lächeln ihre Lasten ab und sag: »Ich habe gerade einen Moment Zeit. Und es heißt doch: Jeden Tag eine gute Tat, oder?« Dasselbe kannst du tun, wenn sie Koffer schleppt. Zum Dank wird sie dich zum Kaffee einladen.

Erfolgsquote: 90%

Gesamtbeurteilung: Leider sind nicht alle Frauen so hilflos und manchmal will sie dich auch noch mit einem feuchten Händedruck abspeisen, nachdem du ihre halbe Haushaltseinrichtung kilometerweit geschleppt hast.

Variante: Natürlich kannst du auch ausnutzen, daß sie beide Hände voll hat. Du sagst ganz einfach: »Hi, da Sie beide Hände voll haben, können Sie mich wenigstens nicht ohrfeigen, wenn ich Ihnen sage, daß Sie mir sehr gut gefallen und ich Sie gerne zum Essen einladen würde.«

Erfolgsquote: 50%

Gesamtbeurteilung: Sie kann allerdings ihre Taschen abstellen und dich dann ohrfeigen...

☑ Höflichkeit, die zweite
Manchmal trifft man auf junge Damen, die verzweifelt versuchen, sich anhand eines Stadtplanes zu orientieren. Oft sind es Touristinnen, deren Hilflosigkeit geradezu einlädt, eine kostenlose Stadtführung anzubieten.

»Hi, sieht aus, als hältst du den Plan verkehrt herum. Wo möchtest du denn hin?«
Sofort ist man im Gespräch und nicht selten zeigt sie dir anschließend auch etwas...

Erfolgsquote: 85%

Gesamtbeurteilung: Höfliche haben es besser...

Variante: Wenn du im Ausland bist, und du willst jemand kennenlernen, dann solltest du niemals einen Stadtplan bzw. -führer selber lesen, sondern dir alles erklären lassen. Frag schüchtern und errege ihr Mitleid und ihre Hilfsbereitschaft. Dann erlebst du die wundersamsten Sachen. In Paris beispielsweise führte eine junge Studentin mich durch die ganze Stadt und lud mich – nachdem wir den ganzen Tag zusammen verbracht hatten – dann auch noch zu einem Kaffee ein. Und alles nur, weil ich mit deutschem Akzent gefragt hatte, wo sich der Louvre befindet ...

☑ Stell dich dumm
Wenn du mit dem Auto unterwegs bist und entdeckst sie am Straßenrand, die offensichtlich Richtung Stadtzentrum /Kino etc. läuft, dann stell dich dumm und frag: »Entschuldige, wo geht es denn hier zum Stadtzentrum? Ich habe die Orientierung verloren.« Wenn du Glück hast, erklärt sie dir nicht nur den Weg, sondern benutzt dich gleich als Taxi. Zeit genug, um ein Gespräch zu beginnen ...

Erfolgsquote: 45%

Gesamtbeurteilung: Räum vorher dein Auto auf ...

☑ Der Chauffeur
Eine gute Idee ist, sich eine Chauffeursmütze zu besorgen, ein weißes Hemd anzuziehen und Daddys Auto auszuleihen. Du parkst den Wagen neben ihr und eröffnest der staunenden Frau: »Hallo, die Firma BMW/Mercedes/VW verschenkt heute 20 Gratisfahrten mit Chauffeur. Sie haben eine solche Fahrt gewonnen. Wo darf ich Sie hinbringen?« Nachdem sie den Mund wieder zugemacht hat, wird sie sich gerne irgendwohin bringen lassen.

Erfolgsquote: 30%

Gesamtbeurteilung: Die relativ niedrige Erfolgsquote ist darauf zurückzuführen, daß viele Frauen grundsätzlich nicht zu einem Fremden ins Auto steigen (womit sie nicht ganz Unrecht haben). In diesem Fall verabrede mit ihr, wann und wo sie ihre Gratisfahrt in Anspruch nehmen will und hole sie dann pünktlich ab.

☑ **Einparken**

Frauen kommen manchmal in den kleinsten Schuh, aber nicht in die größte Parklücke. Wenn du eine Weile zugesehen hast, wie sie sich abmüht, kannst du ihr anbieten, das Einparken für sie zu übernehmen. »Soll ich das nicht besser für Sie tun, der Wagen hinter Ihnen sieht teuer aus...«

Erfolgsquote: 60%

Gesamtbeurteilung: Ich hoffe, *du* kannst einparken!

Freche Sprüche

☑ »Entschuldige, ich bin fremd hier, kannst du mir sagen, wo du wohnst...«

Erfolgsquote: 50% (daß du mit ihr ins Gespräch kommst), 5% (daß sie dir sagt, wo sie wohnt)

Gesamtbeurteilung: An Dreistigkeit kaum noch zu überbieten. Sag es bitte nicht so, als würde jedermann (jeder Mann?) sonst in der Stadt wissen, wo sie wohnt.

☑ **Ein offenes Wort**

»Sicherlich hat man Ihnen beigebracht, sich nicht von fremden Männern auf der Straße ansprechen zu lassen. Also, ich heiße Peter, bin 23 Jahre alt und wohne seit 4 Jahren in Frankfurt. Ich denke, jetzt kennen Sie mich so gut, daß wir zusammen einen Kaffee trinken gehen können.«

Erfolgsquote: 55%

Gesamtbeurteilung: Diese Nummer ist witzig. Einer meiner Favoriten für die Straße...

☑ **Auf den Hund gekommen**
Der einfachste Weg, eine Freundin zu bekommen, ist, sich einen Hund zuzulegen. Das Tier sollte allerdings nicht bissig sein, nicht gar zu sehr stinken und überhaupt recht knuddelig sein. Jede hübsche Frau hat einen Hund und den muß sie auch hin und wieder Gassi führen. Wenn sie dir dann über den Weg läuft, habt ihr sofort ein Thema. Schon von weitem rufst du ihr zu: »Ist das ein Rüde oder eine Hündin?« Wenn eure Hunde unterschiedliche Geschlechter haben, dann ist es gut. (Weil männliche Hunde niemals Weibchen etwas zuleide tun, das ist kein Witz). Ihr könnt euch nun vortrefflich über Hundefutter oder die Schereien mit einer »heißen« Hündin (wenn sie ihre Tage hat) unterhalten. Außerdem wird sie deinen kleinen Hund herzen und streicheln, daß du ihn beneidest. Frag »sie«, ob sie Lust hat, morgen zusammen mit dir die Hunde spazierenzuführen. Das wird sie kaum ablehnen.

Erfolgsquote: 95%

Gesamtbeurteilung: Der Hund, dein Freund und Helfer...

☑ **Wenn sie einen Hund dabei hat**
Dann gehst du mutig auf den Hund zu und redest mit ihm. »Hallo, mein Süßer, du siehst ja aus, als könntest du ein Bad gebrauchen. Wie heißt du denn? usw.« Wenn er dich nicht beißt, wende dich nach kurzer Zeit seinem Frauchen zu: »Sieh an, eine neue Hundebesitzerin in der Nachbarschaft. Wohnen Sie jetzt hier? Dann werden wir uns ja beim Gassigehen von nun an öfter begegnen.«

Erfolgsquote: 85%

Gesamtbeurteilung: Wenn er dich beißt, dann wird wenigstens seine Besitzerin dich pflegen. Kaum eine Frau läßt einen Mann blutend am Straßenrand liegen. Das heißt, du kommst noch schneller ans Ziel...

☑ **Wenn sie keinen Hund dabei hat**
»Schade, daß Sie keinen Hund dabeihaben.« »Warum denn das?«

»Weil ich dann einen super Spruch gewußt hätte, um mit Ihnen ins Gespräch zu kommen ... «

Erfolgsquote: 60%

Gesamtbeurteilung: Wo ein Wille ist, ist auch ein Weg ...

☑ **Megabräune**
Bei einer Farbigen zieht folgender Spruch ganz gut: »Hey, wo warst du denn im Urlaub, du hast ja die Mega-Bräune.«

Erfolgsquote: 80% (daß sie nett reagiert)

Gesamtbeurteilung: Schnuckeliger Spruch für Leute, die nicht auf den Mund gefallen sind.

☑ **Anhalter**
Du bist zu Fuß unterwegs und erspähst deine Herzensdame in ihrem Auto. Wenn sie gerade an einer Ampel halten oder sonst langsam fahren muß, dann klopf einfach an ihre Scheibe (es sei denn, sie fährt einen Cabrio): »Sorry, wenn ich Sie einfach so anquatsche, aber meine Bahn ist gerade weggefahren und ich müßte ganz dringend in die Stadt. Könnten Sie mich mitnehmen?«
 Erfinde dann im Auto irgendeine Geschichte von einem wichtigen Termin.

Erfolgsquote: Erstaunlich hoch, 85%

Gesamtbeurteilung: Lauf ihr bei diesem Trick bitte nicht ins Auto. Wenn sie dich überfährt, lernst du sie zwar auch kennen, aber so toll kann sie gar nicht sein, daß sich das lohnen würde. Und die Mund-zu-Mund-Beatmung wiegt bestimmt nicht die gebrochenen Knochen auf.

Süßholzraspeln

☑ Horoskop

»Glaubst du an Horoskope?« »Nein, natürlich nicht.« »Ich habe mich auch immer geweigert, daran zu glauben. Bis heute morgen. Da stand nämlich in meinem Horoskop, daß ich heute meine Traumfrau treffen würde – und es hat recht behalten. Außerdem stand noch drin, daß ich meine Traumfrau ansprechen und zum Kaffee einladen soll. Und, stimmt mein Horoskop?«

Erfolgsquote: 50%

Gesamtbeurteilung: Goldig! Wenn du es richtig sagst, geht dein Horoskop mit Sicherheit in Erfüllung. Außer wenn in ihrem Horoskop drinsteht, daß sie sich heute auf keinen Fall ansprechen lassen soll.

☑ Träume

Verblüfft bleibst du vor ihr stehen. »Hey, ich hab heute nacht von dir geträumt. Das gibt es doch nicht ...«

Erfolgsquote: 20%

Gesamtbeurteilung: Wenn sie schlagfertig ist, antwortet sie: »Da bist du nicht der einzige, von mir träumen viele Jungs.« Oder: »Es wird ein Traum bleiben, fürchte ich.«

☑ Parfüm

Wenn ein Traumgirl gerade an dir vorbeiläuft: »Hey, welches Parfüm ist das denn? Das riecht total gut.« Nachdem ihr euch eine Weile unterhalten habt, verabredest du dich mit ihr für den Abend.

Erfolgsquote: 70% (daß sie dir ihre Parfümmarke nennt)

Gesamtbeurteilung: Flattering will take you everywhere ...

☑ **Schöne Kleidung**

Du gehst ganz unverblümt zu dem Grund deiner schlaflosen Nächte und fragst sie: »Entschuldige, daß ich dich einfach anspreche, aber du hast einen wunderschönen Pulli an. Wo hast du denn den gekauft?« Vielleicht hat sie ja gerade nichts zu tun und bringt dich zu dem Geschäft. Genug Zeit also, für ein Gespräch . . .

Erfolgsquote: 90%

Gesamtbeurteilung: Wenn sie antwortet: »Das ist ein Damenpulli, für wen möchtest du ihn denn? Für deine Freundin?« entgegnest du: »Nein, für meine Schwester, die hat nämlich nächste Woche Geburtstag. Aber wenn ich eine Freundin hätte, würde ich ihr sicher auch so einen Pulli schenken . . .«

Blind Dates

Blind Dates sind sehr lustig. Bekanntermaßen versteht man darunter Verabredungen mit Personen, die man zuvor noch nie gesehen hat.

 Blind Date 1

Du hast auf der Straße ein wunderbares Mädchen entdeckt, die Shopping betreibt. Schnell kritzelst du folgendes auf einen Zettel: »Guten Tag, du hast gerade das große Los in der Lotterie des Lebens gezogen. Wenn du erfahren willst, wie der Hauptgewinn aussieht, dann ruf heute abend um Punkt 20.00 Uhr die Nummer 335588 an.« Diesen Zettel steckst du unauffällig in ihre Tasche, während sie gerade modische Accessoires anprobiert. Kurz vor acht besprichst du dann deinen Anrufbeantworter mit folgender Nachricht (untermalt mit Musik von Beethoven): – Oh, du gehörst zu den Mutigen in diesem Land, deren Leben nicht immer in festen Bahnen verlaufen muß. Herzlichen Glückwunsch! Ich sah dich heute auf der Straße und war sofort fasziniert von dir. Ich möchte dich möglichst bald zum Essen ins xy (ein kuscheliges Restaurant) ausführen. Paßt es dir heute abend? Wenn nicht, dann muß ich wohl bis morgen abend warten. Betrete bitte um 21 Uhr das Lokal und setz dich an den Tisch zu einem Jungen, der dir gefällt . . . Bitte sprich kurz auf den Anrufbeantworter, ob du heute oder morgen kommst . . . «

Erfolgsquote: 50%

Gesamtbeurteilung: Hier wird der Wunsch nach Abenteuer und Detektivspielen erfüllt. Wenn das Mädel in festen Händen ist, wird sie vermutlich nicht kommen. Vielleicht ist sie aber solo oder abenteuerlustig. Wenn du es nicht probierst, wirst du es auch nicht erfahren.

☑ Blind Date 2

Wenn ein Freund (ein wirklicher Freund, meine ich . . .) sie kennt, dann laß dir von ihm ihre Telefonnummer geben und ruf sie an: »Hi, hier ist Andreas Wassermann aus Köln (oder sonstwo). Du dürftest mich nicht kennen, aber ich bin ein sehr guter Freund von Lars, der mir auch deine Telefonnummer gegeben hat. Lars hat mir schon so viel von dir erzählt, da hab ich mir gesagt: Ruf doch mal an – Telekom (ich hoffe, du kennst die Werbung und kannst sie nachsingen). Ich wollte dich einfach mal kennenlernen.«

Erfolgsquote: 90%

Gesamtbeurteilung: Nachdem ihr euch eine Weile unterhalten habt, kannst du sie fragen, ob sie Lust hat, mit dir auszugehen.

☑ Blind Date 3

Du schickst deiner Angebeteten folgenden Brief (ohne Absender):
– Ihr persönliches Horoskop für die kommende Woche! Ihnen steht eine insgesamt erfolgreiche Woche bevor. *Beruf*lich wird es keinen Ärger geben, vom Montag abgesehen, an dem Ihnen das Aufstehen schwerfallen wird. *Gesund*heitlich werden Sie sich dafür blendend fühlen, solange Sie im Straßenverkehr aufpassen. Am Ende der Woche könnten einige *Geld*sorgen auftreten, weil Sie am Mittwoch und Donnerstag ein Kaufrausch überfällt. Dafür meint es die *Liebe* gut mit Ihnen. Am Freitag wird Sie ein alter Freund anrufen und Sie fragen, ob Sie mit ihm ausgehen. Nehmen Sie dieses Angebot auf alle Fälle an, denn Freitag ist Ihr Glückstag!

gez. Elizabeth Teissier«

Natürlich tust du am Freitag ganz unschuldig, wenn du anrufst und sie in eine Cocktail-Bar einlädst.

Erfolgsquote: 85%

Gesamtbeurteilung: Jedenfalls merkt sie, daß sich da jemand Mühe macht...

In der heimischen Disko

Die Ausgangsbedingungen sind zwar nicht so gut wie in der Urlaubsdisko, aber immer noch günstig, verglichen mit anderen Situationen. Du kannst fast alle Kontaktversuche anwenden, die unter dem Kapitel Urlaubsdisko aufgeführt sind. Außerdem noch folgende:

 Wagen abgeschleppt?
Wenn du zufällig siehst, wie ein Mädchen, das dir gut gefällt, allein mit ihrem Wagen zur Disko kommt, dann merk dir, wo sie den Wagen abstellt und wie das Kennzeichen ist. Wenn sie dann selbstvergessen tanzt, laß den DJ folgende Botschaft ausrufen: »Die Fahrerin des Pkw mit dem amtlichen Kennzeichen BB-X 123 soll bitte sofort zu ihrem Wagen kommen.« (2 mal) Nun bekommt sie wahrscheinlich einen Riesenschreck und stürzt von der Tanzfläche. Dann ergänzt der DJ mit leicht süffisanter Stimme: »Der neue Beifahrer wartet.« Wenn sie dann wutentbrannt zu ihrem Wagen kommt, wo du schon wartest, entwaffnest du sie mit einem Lächeln und der hilflosen Bemerkung: »Ich mußte dich einfach kennenlernen.«

Erfolgsquote: 50% (daß ihr Freunde werdet)

Gesamtbeurteilung: Hart an der Grenze zum Unverschämten. Aber schließlich heißt es ja: Frechheit siegt...

☑ **Ein kleines Geschenk**
Bei diesem Trick merkst du dir ebenfalls, wo sie ihren Wagen parkt. Aber anstatt ihr einen Schrecken einzujagen, bist du diesmal ganz lieb und klemmst ein großes herzförmiges Geschenk, eventuell zusammen mit ein paar Blumen unter den Scheibenwischer. Einen Brief hast du beigelegt. Dann beobachtest du eifersüchtig, daß niemand anders dein Geschenk klaut. Irgendwann wird sie herauskommen und sich freuen.

Erfolgsquote: 99% (daß sie dich anruft)

Gesamtbeurteilung: Einer von den »lieben« Tricks.

☑ **Liebesbotschaft**
Wenn du weißt, welches ihr Wagen ist, und das Auto zugeschneit, naß oder schmutzig ist, dann mal ein großes Herz auf die Scheibe und schreib deine Telefonnummer drunter.

Erfolgsquote: 10%

Gesamtbeurteilung: Du brauchst viel Glück, damit sie wirklich anruft.

Auf Partys oder Volksfesten

Auf Partys und Volksfesten sind die Rahmenbedingungen wieder andere als auf der Straße. Die Menschen sind fröhlicher und enthemmter, die Aussichten, jemanden kennenzulernen, also günstiger. Wenn die Stimmung gut ist, redet ohnehin jeder mit jedem. Da fällt es leicht, nach Augenkontakt und Anlächeln ganz zwanglos zu sagen: »Hi, wer bist du denn?«

Wenn deine Zukünftige in männlicher Begleitung zur Party kommt, heißt das noch gar nichts. Viele Frauen schleifen lieber einen harmlosen Freund mit, als alleine auszugehen. Beobachte also genau, ob sie sich auf der Party um ihren Begleiter kümmert, oder ob sie sich suchend umblickt oder gar offen mit anderen Männern flirtet. Außerdem wird auf Volksfesten und Partys gern das »Bäumchen-wechsel-dich-Spiel« gespielt und viele Paare, die vorher semi-fest zusammen waren, sind am nächsten Morgen neu vergeben. Zu warnen ist allerdings vor Damen, die, obwohl offensichtlich mit ihrem Freund da, vor seinen Augen auf Teufel komm raus mit dir flirten. Sehr häufig hat so ein Benehmen lediglich das Ziel, den Freund eifersüchtig zu machen, damit er sich wieder mehr um sie kümmert. Da sie ihren Freund aber nicht verlieren will, wird sie vor wirklichen Treuebrüchen zurückschrecken. Im Englischen nennt man solche Mädchen »Prickteaser«. Laß dich also für solche kindischen Spiele nicht ausnutzen. Sehr zu beklagen ist andererseits aber auch die Sprunghaftigkeit mancher Weiber, mit denen du dich den halben Abend lang vortrefflich unterhältst, die aber, läßt du sie kurz aus den Augen, mit einem anderen abziehen. Don't count your chicken, untill they are hatched, baby!

 Wahrsagen
Du fragst sie, ob du ihr aus der Hand lesen sollst. Das wird sie nicht ablehnen, weil es lustig ist. »Aus der Lebenslinie ersehe ich, daß du ein langes und insgesamt sehr glückliches Leben führen wirst. Du wirst viele Reisen unternehmen und mehrere Berufe ausüben. Zwei Kindern wirst du das Leben schenken. Oh, da steht außerdem noch, daß du dich heute abend in einen gutaussehenden Jungen verlieben wirst. Er liebt dich übrigens auch und möchte lange mir dir zusammensein. Irgendwann werdet ihr dann heiraten und ein tolles Leben haben.«

Erfolgsquote: 30% (daß ihr noch am selben Abend zusammenkommt)

Gesamtbeurteilung: Also, wenn sie das nicht süß findet, dann weiß ich auch nicht weiter . . .

Schiedsrichter
Wenn du mit einem Freund zusammen unterwegs bist, dann täuscht einfach einen Streit vor und bittet sie, den Schiedsrichter zu spielen. »Sorry, aber mein Freund und ich haben uns gerade fürchterlich in die Wolle bekommen, ob es Männer generell stört, wenn Frauen etwas

länger brauchen, bis sie ihre Abendgaderobe ausgewählt haben (wenn Frauen bei jeder Gelegenheit: »Ich liebe dich« sagen etc.). Würdest du diesen Streit bitte schlichten und sagen, wie es sich deiner Meinung nach verhält?«

Erfolgsquote: 95%

Gesamtbeurteilung: Sehr raffiniert.

☑ Schüchternheit

Nachdem du ihr schon die ganze Zeit verstohlene Blicke zugeworfen hast (aber so, daß sie es bemerkt), fragst du mit bebender Stimme: »Darf ich dich kennenlernen?«

Erfolgsquote: 90%

Gesamtbeurteilung: Wer diesen Satz mit dem richtigen charmant-treuherzigen Blick hervorbringt, dem wird keine Frau mit »Nein!« antworten.

☑ Nachgefragt

Einfach, aber wirkungsvoll ist auf Partys auch die Frage: »Was führt dich hierher? Woher kennst du den (Name des Gastgebers)?«

Erfolgsquote: 75%

Gesamtbeutelung: Hausbacken, aber eben wirkungsvoll, um den ersten Kontakt herzustellen.

Häufig gehen Mädchen zu zweit auf Partys. Möglicherweise möchtest du etwas von der Freundin deiner Gesprächspartnerin, die im Moment aber nicht anwesend ist. Dann begrüße jedoch die Freundin deines Schwarms nicht mit den Worten: »Na, wo ist denn Julia (oder wie sie heißen mag)?« Das wird dem Mädchen nur zeigen, daß du dich für sie nicht interessierst (womit sie ja auch recht hat) und ziemlich unhöflich bist. Rede also erst ein paar Takte mit ihr, bevor du beiläufig diese Frage stellst.

☑ Urlaubsbräune

Wenn sie knallbraun ist, kannst du sagen: »Na, wo warst du im Urlaub?«

Erfolgsquote: 70%

Gesamtbeurteilung: Effektiv, da man sofort ein Gesprächsthema hat. Vielleicht antwortet sie ja: »Im Urlaub werde ich nicht braun. Ich verschlafe immer die Tage...«

☑ Heilbar

Du flirtest auf einer Party wie wild mit einer Frau, so daß die anderen Gäste schon drohen, die Sittenpolizei zu rufen. Plötzlich ziehst du dich zurück und tust überhaupt nichts mehr. Irgendwann wird ihr das auffallen und sie wird dich fragen, was los ist. Du antwortest: »Es ist mir schrecklich peinlich, aber ich habe Versagensängste. Immer, wenn ich jemand kennenlerne und mich verliebe, bekomme ich diese Ängste. Deshalb möchte ich am liebsten gar keine Beziehung mehr eingehen.« Wenn du Glück hast, drückt sie dich jetzt voller Mitleid an ihren Busen und sagt: »Das kriegen wir schon hin, Kleiner...«

Erfolgsquote: 15%

Gesamtbeurteilung: Warum einfach, wenn es auch kompliziert geht...

☑ Kenn ich dich nicht?

Geh einfach zu einer wildfremden Frau hin und sag: »Hallo, ich bin der Lars?« »Na und?« »Na, der Lars Schweitzer.« Dabei schaust du sie an, als kennt ihr euch seit Jahren. Wahrscheinlich wird sie dich nur verwirrt anstarren. Du: »Du bist doch die Schwester vom Daniel, oder?« »Nein, ich kenne keinen Daniel.« »Was? Das gibt es doch nicht.« Du schaust sie lange ungläubig und prüfend an. »Dreh dich mal rum.« Sie dreht sich einmal um die eigene Achse. »Also, ich könnte schwören, daß du die Schwester von meinem besten Freund Daniel bist.« Wahrscheinlich reicht es ihr jetzt: »Das ist doch nur ein Trick, um mich kennenzulernen, stimmt's?« Jetzt schaust du ihr treuherzig in die Augen und sagst: »Ja, ich hab dich gesehen und mir ist es kalt und heiß den Rücken heruntergelaufen. Ich mußte dich einfach kennenlernen.«

Erfolgsquote: 45%

Gesamtbeurteilung: Nur Mut, sie wird dich schon nicht in die Wüste schicken.

☑ Achterbahn
Auf Volksfesten kannst du jüngere Mädchen auch fragen, ob sie mal mit dir Achterbahn fahren. »Fährst du mit mir Achterbahn? Ich will nicht alleine sterben.«

Erfolgsquote: 40%

Gesamtbeurteilung: Wenn sie das für dich tut, dann ist sie sicher auch zu ganz anderen Dingen bereit, die weitaus weniger schlimm sind...

☑ 1000mal gesehen
Manche Leute sieht man auf jeder Party. Die spricht man am besten mit folgendem Spruch an: »Jetzt habe ich dich schon 1000mal auf irgendwelchen Partys gesehen. Höchste Zeit also, daß ich dich endlich kennenlerne.«

Erfolgsquote: 90%

Gesamtbeurteilung: Auf der nächsten Party, wo du sie triffst, ist sie dir schon nicht mehr fremd.

☑ **Steiler Zahn**

»Na, du dufte Biene/du flotter Käfer/du steiler Zahn etc.«

Erfolgsquote: 40%

Gesamtbeurteilung: Ein bißchen plump und einfallslos . . .

☑ **Regen**

Wenn es regnet, dann schlüpf einfach unter ihren Regenschirm und lach sie entwaffnend an: »Darf ich unter deinen Schirm? Nimmst du mich unter deine Fittiche?« Einem ansteckenden Lachen kann sich niemand entziehen.

Erfolgsquote: 80%

Gesamtbeurteilung: Natürlich muß der Schirm so groß sein, daß zwei Leute unter ihm Platz haben. Schließlich soll sie ja auch nicht im Regen stehen.

☑ **Gelangweilt**

Viele Frauen stehen einfach nur gelangweilt herum.
»Langweilst du dich auch so?« »Ja?« »Na, dann laß uns doch verschwinden.«

Erfolgsquote: 30%

Gesamtbeurteilung: Klappt in den seltensten Fällen.

Süßholzraspeln

☑ **Räuberstochter**
»Sag mal, ist dein Vater vielleicht Räuber?« »Nein, warum...« »Ich dachte bloß, er hätte vielleicht zwei Sterne vom Himmel gestohlen und sie dir als Augen gegeben.«

Erfolgsquote: 75%

Gesamtbeurteilung: Alter Charmeur!

☑ **Supermodel**
»Bist du nicht die kleine Schwester von Claudia Schiffer/Cindy Crawford/Linda Evangelisti/Naomi Campbell.«

Erfolgsquote: 65%

Gesamtbeurteilung: Na ja, kluge Mädchen antworten: »Nein, ich *bin* Claudia Schiffer.« Die passende Antwort: »Na dann paß auf, daß David Copperfield dich nicht verschwinden läßt bei einem seiner Zaubertricks.«

Freche Sprüche

☑ **So schnell lernt man sich kennen**
Nachdem du ziemlich ausgiebig Blickkontakt mit ihr hattest, solltest du ihr deine Gefühle gestehen: »Ich kenn dich zwar noch nicht, aber dafür vermisse ich dich schon ganz schön...«

Erfolgsquote: 80%

Gesamtbeurteilung: Frecher Spruch, wirkt am besten zusammen mit einem breiten Grinsen. Coole Mädels antworten: »Und ich dich erst...«

☑ **Wasser im Knie**
Dieser Spruch, der auf Partys, Volksfesten oder in der Disko anwendbar ist, hat es in sich: »Sag mal, hast du Wasser im Knie?« »Nein, warum . . . « »Weil meine Wünschelrute gerade heftig ausschlägt!!!«

Erfolgsquote: 90%

Gesamtbeurteilung: Der beste von allen! Dieser wirklich originelle Spruch führt regelmäßig zu Lachanfällen.

☑ **Wünsch dir was**
Ganz gerissen ist der folgende Trick: »Mach die Augen zu und wünsch dir was.« Dann küßt du sie einfach auf den Mund. »Schau, wie schnell dein Wunsch in Erfüllung gegangen ist.«

Erfolgsquote: Individuell verschieden.

Gesamtbeurteilung: Wahrscheinlich wird sie ob deiner Dreistigkeit vor Staunen jetzt auch noch den Mund aufmachen. Dann weißt du ja, was du zu tun hast.

☑ **Kalorien zählen**
Ziemlich frech ist dieser Spruch: »Nicht so viel, denk an die Kalorien. Oder wolltest du heute abend noch Sport treiben?«

Erfolgsquote: 60%

Gesamtbeurteilung: Sollte man nicht bei dicken Leuten bringen . . .

☑ **Notnagel**
Dieser Trick ist so unverschämt, daß ich mich wirklich frage, warum er dennoch immer wieder klappt.
»Verdammt, da kommt meine Ex-Freundin. Das gibt jetzt wieder stundenlange Diskussionen, wessen Schuld es war usw. Vor allem will

sie wieder mit mir zusammensein und darauf habe ich wirklich keine Lust. Kannst du mal fünf Minuten mit mir tanzen und so tun, als wärst du meine neue Freundin?«

Erfolgsquote: 70% (daß sie mit dir tanzt), 50% (daß sie mit dir *eng* tanzt), 15% (daß sie dich küßt)

Gesamtbeurteilung: Da versteh einer die Frauen...

(Sehr) frecher Spruch

☑ **Tierfreundlich?**
Ziemlich krass ist folgender Spruch: »Sag mal, bist du eigentlich tierlieb?« Meistens antwortet sie mit Ja.
»Bist du auch gut zu Vögeln?«

Erfolgsquote: 70% (daß sie dich nicht ohrfeigt)

Gesamtbeurteilung: Manchmal dauert es etwas, bis sie begreift, daß hier nicht die Ornithologie gemeint ist. Eine deutschsprechende Holländerin antwortete einmal: »Klar, ich bin doch aus Holland.«

Sprüche für Wohlerzogene

Gelegentlich kann man sich die ganze Kreativität auch sparen, nämlich dann, wenn man der Dame seines Interesses vorgestellt wird. Dies ist normalerweise nur auf steiferen Partys der Fall, auf allen anderen muß man schon selbst initiativ werden.

Wenn du siehst, daß sie sich eine Zigarette anstecken will, bist du zur Stelle. Wenn du siehst, daß sie keinen Aschenbecher hat, fragst du: »Brauchst du einen Aschenbecher?« und holst ihr einen. Wenn sie sonst noch einen Wunsch hat, dann sei zur Stelle...

☑ **Am Büfett**
Viele Gespräche entspinnen sich am Büfett: »Die Häppchen (den Schinken, das Dessert) solltest du probieren. Sie sind wirklich klasse.«

Erfolgsquote: 80%

Gesamtbeurteilung: Die Schlacht am Büfett hat begonnen...

 Rosen

Schenk deinem zukünftigen Schatz eine rote Rose, das kommt immer gut an. (Aber bitte eine mit Dornen, denn Rosen ohne Dornen sind so langweilig wie Frauen ohne Launen.) Dazu kannst du sagen: »Das wollte ich schon lange tun, aber bis heute habe ich mich nicht getraut!«

Erfolgsquote: 98% (daß sie sich freut und die Rose annimmt)

Gesamtbeurteilung: Süß, wenn du Glück hast, erntest du gleich einen Kuß...

Variante: Du nimmst von irgendwoher eine leere Sektflasche (stehen auf Partys überall rum), stellst sie vor das Mädchen hin. Sie wird dich wahrscheinlich verständnislos anschauen. Dann kommst du mit einer Rose wieder und steckst sie in die Sektflasche. Wenn sie dich immer noch ungläubig ansieht, bemerkst du: »Ich brauche ja jetzt nicht mehr viel zu sagen. Die Blume sagt doch schon alles, oder?«

Neben den genannten kann man selbstverständlich auch fast alle Verführungssprüche anwenden, die unter der Rubrik Urlaub und Straße aufgeführt sind. Das beste, das gilt generell, sind schlagfertige Sprüche, die der Situation angemessen sind. Hier kann euch kein Buch weiterhelfen, nur eure eigene Spontaneität. Verbergt euer Interesse beim Flirten lieber ein bißchen, anstatt mit der Tür ins Haus zu fallen. Das reizt eine andere Person viel mehr und sie wird versuchen, dich zu verführen. Das ist bequemer und gut fürs Selbstbewußtsein.

Wenn du schon im Gespräch mit ihr bist, kannst du dir eine Menge Flunkereien einfallen lassen, um auf bestimmte Themen zu kommen. Wenn sie dich z.B. nach deinem Beruf fragt, antworte mit: Schornsteinfeger. Jede Frau hat gerne einen Glücksbringer an ihrer Seite.

Wenn es abzusehen ist, daß ihr euch bald küssen werdet, dann denk daran, es zunächst einmal an einem ruhigen Ort zu tun. Frag ganz scheinheilig: »Mir ist so heiß, wollen wir nicht kurz nach draußen gehen.« Oder: »Wollen wir ein bißchen spazierengehen?« Wenn sie nicht mit dir hinausgehen will, dann erzähl ihr einfach, für heute sei eine Mondfinsternis angekündigt. Die wird sie schon nicht verpassen wollen.

Manchmal ist es aber auch gut, das Mädel mitten im Getümmel zu umarmen und zu küssen. Da ist sie nämlich so perplex, daß sie es sich bestimmt gefallen läßt.

Wie es weitergeht

Ist das Eis erst einmal gebrochen und ihr unterhaltet euch, dann liegt es an dir, das Gespräch am Laufen zu halten. Dabei solltest du schon beobachten, ob sie:
– die Füße in deine Richtung dreht,
– sich mehrmals die Haare zurückstreicht,
– die Ferse aus ihrem Schuh hebt,
– an ihrer Kette herumspielt,
– oder dich gar wie zufällig ein paarmal spontan berührt, z.B.
lachend an die Schulter faßt. All das sind Signale, daß sie sich gerne mit dir unterhält. Wenn sie hingegen die Arme verschränkt, bedeutet dies, daß sie (zumindest vorerst) noch Distanz wahren möchte. In jedem Fall solltest du den Grundsatz beherzigen: Lieber einen Zentimeter Abstand zuviel als einen zuwenig und sie niemals bedrängen. Schließlich willst du ja, daß sie dich verführt und nicht umgekehrt...

War diese Vorarbeit erfolgreich, kannst du den nächsten Schritt wagen: Einen Ortswechsel vorschlagen. In der Disko fragt man üblicherweise, ob sie irgendwohin gehen möchte, wo es ruhiger ist und man sich unterhalten kann, ohne schreien zu müssen. Auf einer Party fragst du, ob sie mit dir herumlaufen möchte, um sich alles anzusehen. Wenn ihr im Schwimmbad, auf einem Volksfest oder in der Uni seit, lädst du sie zu einem Kaffee ein.

Manchmal ist es nicht möglich, gleich irgendwo hinzugehen, z.B. weil ihr Freund wartet oder sie noch etwas erledigen muß. Oft möchte sie dich aber dennoch treffen und ist auch bereit, ihre Telefonnummer zu nennen. Wie aber dezent danach fragen? Am besten ist es, wenn du irgendeinen Anknüpfungspunkt hast, um dich nach ihrer Adresse zu erkundigen. Du willst eine Party geben und würdest ihr gern eine Einladung schicken, du hast noch ein gutes Skript/Buch, welches sie für ihr Studium gebrauchen kann, du mußt sowieso nächste Woche in ihre Gegend und würdest gern einen Kaffee mit ihr trinken. Wenn dies alles nicht der Fall ist, dann flüchte dich in Ironie: »Kann ich deine Adresse haben? Ich schreib nämlich gerade ein Telefonbuch...« Wenn du dies mit einem charmanten Lächeln sagst, wird sie dir sicherlich gern helfen. Sag besser nicht: »Ich ruf dich an« oder »Du rufst mich an«, sondern ganz einfach: »Wir telefonieren, okay?« Damit hast du erreicht, daß niemand sich verpflichtet fühlt, zuerst anzurufen. Wenn du »Ich ruf dich an.« sagst, klingt das, als würdest du ihr hinterherlaufen, bei »du rufst mich an« mußt du wahrscheinlich lange warten.

Eines solltest du jedoch nie versuchen: Auf jemand charmant zu wirken, wenn du selbst schlechte Laune hast oder dich mies fühlst. Nur wer gut drauf ist, kommt auch bei anderen gut an.

Noch ein Tip: Vermeide jede Art von Arroganz. Es gibt da einen schönen Spruch: »Ohne Selbstbewußtsein bist du nichts, aber mit zuviel Selbstbewußtsein bist du auch ein Nichts.« Eine große Kunst ist auch, selbst nicht davon auszugehen, daß man charmant ist, egal ob andere es von dir behaupten. In dem Moment, wo du es glaubst, verlierst du diese Gabe. Niemals sollte man mit dem Vorsatz ausgehen: »Heute reiße ich eine auf.« Dann klappt es nämlich garantiert nicht. Laß statt dessen die Dinge auf dich zukommen.

Nachdem du nun wahrscheinlich schon genug Frauen kennengelernt hast, stellt sich die Frage, wie du weiter vorgehen solltest, um sie zu erobern. Schließlich küßt man sich nicht immer auf der ersten Party.

Häufig wirst du dich erst einige Male mit ihr verabreden und sie ins Kino, zum Essen oder in eine Disko ausführen. Hier was Grundsätzliches, wenn du sie von zu Hause abholst: Erstens, der Weg zur Tochter führt über die Mutter. Sei besonders nett zu ihr, bring ihr etwas mit, gib ihr die Hand und schau ihr in die Augen. Den Vater kannst du hingegen vernachlässigen.

Auch wenn du (endlich) mit ihr zusammengekommen bist, halte dich an einige Regeln: Zeig ihr immer wieder, wieviel sie dir bedeutet. Dies kann durch ein spontanes Geschenk, eine süße Postkarte oder viele andere Dinge geschehen. Ruf einfach morgens mal an, bevor sie zur Arbeit geht, und sag: »Es ist nichts Besonderes. Ich wollte dir eigentlich nur sagen, daß ich dich lieb habe.« Fahr spontan übers Wochenende mit ihr weg, heutzutage kostet ein Kurztrip nach Paris oder Rom nicht mehr die Welt. Vermeide Unpünktlichkeit! Mach nicht vor den Augen der Eltern mit der Tochter rum! Wähle ihr Geburtstagsgeschenk mit Liebe aus!

Andererseits mußt du es vermeiden, sie total zu vereinnahmen, denn sonst kommt sie sich »umklammert« vor. Ruf also nicht dreimal täglich an und schreib auch nicht mehr als einen Liebesbrief. Wenn du ihr jeden Wunsch von den Augen abliest, wird eure Beziehung sie bald langweilen. Gib nicht in allen Streitpunkten nach, sondern zeig ihr, was sie sich nicht erlauben darf. Die wichtigste Regel ist, ehrlich und konstruktiv über alle auftretenden Probleme zu reden.

Übrigens, es ist mittlerweile nicht mehr üblich, die Mädels jedesmal einzuladen, wenn man mit ihnen ausgeht. Die emanzipierte Frau bezahlt ihr Essen oder ihre Getränke selbst. Allerdings kann man sich natürlich schon mal als Kavalier geben. Mädels, die das jedoch als selbstverständlich betrachten und den Mann grundsätzlich bezahlen lassen, solltest du schnellstmöglich in den Wind schießen.

In Kneipe, Café oder Restaurant

Im Café

Betritt man ein Café, sieht man in der Regel viele Singles herumsitzen, die sich zwar hoffnungsvolle Blicke zuwerfen, aber es offenbar nicht fertigbringen, miteinander Kontakt herzustellen. Arme Würstchen... Dabei ist es so leicht, im Café jemanden kennenzulernen.

☑ **Der Cappuccino-Trick**
Du setzt dich in ein Café und bestellst einen Cappuccino. Nachdem du ihn gekostet hast, schaust du dich um und entdeckst – wie zufällig – am Nachbartisch ein nettes Mädel. Du sagst nun folgendes: »Entschuldige, wenn ich dich so unverblümt anspreche, aber ich teste im Auftrag eines Restaurantsführers Cappuccinos. Darf ich dich zu einem einladen und deine Meinung dazu hören?«

Du mußt sie in ein Gespräch über Cappuccinos verwickeln. Was gibt es dabei nicht alles zu beachten: Ist ein Keks dabei? Ist er mit Milch oder mit Sahne? Was für einen Geschmack hat er, wie voll ist die Tasse? Ist der Preis okay?

Erfolgsquote: 75 %

Gesamtbeurteilung: Ein wirklich gut durchdachter, ausgefeilter Trick.

☑ Das Naheliegendste

Jeder kennt die folgende Situation: Das nette Mädel am Nachbartisch schaut dich an. Du schaust zurück, senkst dann aber schnell den Blick. Nachdem du etwas Mut geschöpft hast, siehst du ihr in die Augen. Jetzt blinzelt sie und schaut weg. Langsam bekommt die ganze Situation etwas Peinliches. Warum dann nicht folgendes tun? Du stehst auf und sagst zu ihr: »Jetzt schauen wir uns schon so lange an. Findest du nicht, wir sollten uns nun auch kennenlernen?«

Erfolgsquote: 95 %

Gesamtbeurteilung: Kompliment. Das ist wirklich witzig und bricht das Schweigen im Handumdrehen...

Variante: Oder du sagst: »Hab ich einen Fleck auf dem Hemd, oder warum schaust du mich so kritisch an?«

Erfolgsquote: 98 %

Gesamtbeurteilung: Auch nicht schlecht...

Der Kellner, dein Freund und Helfer

Für Café und Kneipe bietet sich auch an: Ihr tragt dem Kellner auf, den netten Damen am Nachbartisch etwas zu trinken und einen Bierdeckel mit einer Nachricht zu überbringen. Auf dem Bierdeckel steht folgendes drauf:
 – deine Telefonnummer, zusammen mit ein paar netten Worten.

Eine situationsbezogene Bemerkung, die die Dame eventuell sogar vor einer Peinlichkeit bewahrt, (z.B. »Vorsicht, Minirock ist verrutscht. Der Kerl gegenüber fällt deswegen gleich vom Stuhl.«)

Einen Zettel mit folgender Botschaft: »Guten Tag, ich werde todunglücklich sein, wenn Sie wieder aus meinem Leben verschwinden, ohne daß ich Sie kennengelernt habe. Dieser Gedanke quält mich schon seit einer halben Stunde. Wenn es Ihnen nicht zu unpassend erscheint, in einem Lokal Bekanntschaften zu schließen, dann heben Sie Ihr Glas und prosten Sie dem jungen Mann mit dem braunen Sakko zu, der zwei Tische hinter Ihnen sitzt. Wenn Sie lieber Ihre Ruhe haben wollen, dann entschuldigen Sie, daß ich Sie gestört habe. Ich hoffe, Sie lassen sich den Kaffee trotzdem schmecken.«

Erfolgsquote: 65% für 1.; 90% für 2. und 60% für 3.

Gesamtbeurteilung: Eine situationsbezogene Bemerkung ist besser als ein kurzer Liebesbrief. Bei 3. wird sie dich an ihren Tisch winken, wenn sie nicht wirklich beschäftigt ist.

Variante: Du kannst auf einen neutralen Zettel auch folgendes schreiben (z.B. um 22.00 Uhr): »Ihr persönliches Horoskop für heute: Sie werden eine neue Bekanntschaft machen, die Ihnen völlig neue Perspektiven eröffnet. Diese neue Bekanntschaft wird ein junger Mann sein, der Sie zu einem Drink einlädt, und zwar zwischen 22.05 und 22.15 Uhr. Lassen Sie sich diese Gelegenheit auf gar keinen Fall entgehen, es wäre ein echtes Versäumnis.«

☑ **Auto eingeschlossen**
Viele Cafés haben bis 1^{30} Uhr geöffnet, viele Parkhäuser schließen um 1 Uhr. Ihr geht also zu eurer neuen Bekanntschaft und erkundigt euch: »Mein Auto ist im Parkhaus eingeschlossen. Kann ich vielleicht heute nacht bei dir auf dem Sofa schlafen?«

Erfolgsquote: 30%

Gesamtbeurteilung: Das ist natürlich ziemlich dreist. Andererseits: Wer nicht wagt, der nicht gewinnt!

In der Kneipe

Wenn eine Frau allein in die Kneipe geht, dann ist Vorsicht angesagt. Es ist nicht auszuschließen, daß sie abgeschleppt *werden will*. Glaub also nicht, du wärst der Täter, in Wirklichkeit bist du das Opfer. Während du dich freust, daß sie dir einen langen Blick zugeworfen hat und nun überlegst, ob du sie ansprechen sollst, hat sie sich schon längst entschlossen, dich nach Hause mitzunehmen und wartet nun gelangweilt, bis du den ersten Schritt tust. Solange du das im Hinterkopf behältst, kannst du nichts falschmachen.

 Frust

In der Kneipe sitzen manchmal auch Leute mit einem Gesicht rum, als hätten sie nichts zu Weihnachten bekommen.
»Na, wie heißt der Schurke denn, wegen dem du Kummer hast?«

Erfolgsquote: 60%

Gesamtbeurteilung: Entweder sie fängt an zu lachen oder sie bricht in Tränen aus...

 Briefmarkensammlung

In Kneipen, die als »Abschleppschuppen« bekannt sind, kann man ruhig etwas direkter sein: Du nimmst ein Briefmarkenheftchen mit, wie man es bei der Post kaufen kann. Dann näherst du dich deinem Traum, läßt dir die Briefmarken durch die Finger gleiten und flüsterst zugleich unverschämt grinsend: »Soll ich dir meine Briefmarkensammlung zeigen?«

Erfolgsquote: 35%

Gesamtbeurteilung: Frechheit siegt... Jetzt weißt du auch, warum die dümmsten Typen immer die hübschesten Freundinnen haben.

☑ Die direkte Art

Ein Freund von mir schwört auf folgenden Trick:
Er läßt der Dame über den Kellner eine Nachricht zukommen, aber diesmal mit folgendem Inhalt: «Guten Abend, ich würde gerne mit Ihnen schlafen. Sie müssen jetzt nichts sagen. Wenn Sie dieses Angebot annehmen wollen, lächeln Sie einfach!«

Erfolgsquote: (abhängig von Kneipe) ca. 15%

Gesamtbeurteilung: Bei einer solchen Botschaft muß einfach jede Frau spontan lächeln.

☑ Laber rhabarber

Mit bedeutsamem Blick näherst du dich ihr und beginnst: »Glauben Sie an Vorsehung? Ich habe gestern nacht von einem weißen Kleid geträumt und heute sehe ich dieses Kleid an Ihnen. Welch seltsamer Zufall... Glauben Sie daran, daß zwei Menschen füreinander geschaffen sind, ohne daß sie es wissen? Irgendeine Macht hat mich heute in diese Kneipe gezogen, und ich konnte einfach nicht widerstehen. Ich glaube, wir haben gar keine Wahl, wen wir lieben, im großen Buch des Schicksals ist alles schon niedergeschrieben und wir müssen uns dann willenlos fügen. Darf ich Sie zu einem Drink einladen?«

Erfolgsquote: 40%

Gesamtbeurteilung: Wenn du dies alles wirklich glaubwürdig rüberbringst, ohne zu lachen, solltest du Theologie studieren.

☑ Mitspielen

Wenn sie zuschaut, wie du mit deinen Freunden Billiard, Dart, Tischfußball, Flipper oder was auch immer spielst, dann frag sie doch einfach: »Möchtest du mitspielen?«

Erfolgsquote: 80%

Gesamtbeurteilung: Das kannst du aus Höflichkeit auch bei Jungen machen, die verloren herumstehen und offensichtlich niemanden kennen...

Das kleinere Übel
Du setzt dich einfach neben sie und erklärst: »Es ist besser, ich setze mich neben Sie, bevor sich eine der dubiosen Gestalten, die an der Bar herumhängen, an Sie heranmacht. Da ist meine Gesellschaft sicherlich das kleinere Übel. Bei mir sind Sie wenigstens gut aufgehoben und niemand wird Sie heute abend mehr plump anmachen.«

Erfolgsquote: 85%

Gesamtbeurteilung: Mein Lieblingsspruch in der Kneipe...

 Hollywood
Flirt-Tricks aus Hollywood-Filmen (Slip ins Glas fallen lassen wie bei *Sliver* etc.) halte ich für wenig erfolgversprechend. Allenfalls der Standardspruch: »Darf ich Sie zu einem Drink einladen?« ist noch zu empfehlen.

Wenn irgendwo ein Klavier herumsteht und du kannst spielen, dann spiel mit treuem Hundeblick etwas Schmalziges von Schubert. Du wirst sofort von Frauen umringt sein.

Wenn du singen kannst, dann nimm der Liveband das Mikro weg und sing einen Lovesong für das Mädel, mit dem du da bist. Wenn du nicht singen kannst, dann wähle wenigstens ihr Lieblingslied in der Musikbox aus.

Im Restaurant

Nur selten suchen Frauen alleine ein Restaurant auf. Wenn sie nicht in männlicher Begleitung kommen (dann vergiß es...), wird mindestens eine Freundin dabei sein. Es kommt deshalb darauf an, ob du alleine oder mit mehreren anderen Männern unterwegs bist. Ideal für die Anmache ist immer gleiche Anzahl Männlein–Weiblein. Dagegen ist es pure Zeitverschwendung, sich als einzelner zu einer Gruppe von 5 oder mehr Frauen zu gesellen. Du wirst bei diesen Kaffeekränzchen so wenig wahrgenommen wie bei einer geschlossenen Gesellschaft englischer Adeliger. Wenn du alleine bist, solltest du wirklich hoffen, daß es nicht mehr als zwei oder drei Freundinnen sind. »Je alleiner, desto besser...«

Nehmen wir einmal an, du hast Glück und sie nimmt ganz versunken ihr Mahl ein (wahrscheinlich wird sie nebenbei lesen).

☑ Verwechslung

Du gehst direkt auf sie zu und gibst vor, eine Verabredung zu haben.

»Frau XY?« Sie schaut auf und sagt erstaunt: »Nein?!« »Oh, entschuldigen Sie, ich habe Sie mit einer Dame verwechselt, mit der ich in diesem Restaurant verabredet bin. Eine Bekannte des Bruders meines Onkels. Sie wollte ein blaues Kleid und helle Schuhe tragen. Ich dachte, Sie wären...« Nun wird sie schon lächeln und antworten: »Nein, leider nicht...« »Also dann....« Du wendest dich (langsam) ab: »Aber vielleicht würden Sie trotzdem gern mit mir essen, denn wer weiß, ob sie überhaupt kommt.«

Wenn du Chancen hast, wird sie es nicht ablehnen, wenn nicht, dann war es jedenfalls kurz und schmerzlos.

Erfolgsquote: 50%

Gesamtbeurteilung: Der Besuch eines Schauspielkurses ist nicht nur bei diesem, sondern bei vielen Verführungstricks von Vorteil...

☑ Kleiner Tip

Während sie noch die Speisekarte studiert, schreibst du schnell auf die Rückseite deiner Visitenkarte: »Ich empfehle Ihnen die Muschelsuppe als Vorspeise. Sie ist hier wirklich vorzüglich.« Dann winkst du unauffällig den Kellner heran und läßt ihn die Empfehlung überbringen. Wenn sie deinem Rat tatsächlich folgt, kannst du dich sofort an ihren Tisch begeben. Wenn nicht, erst nach einer Schamfrist...

Erfolgsquote: 60%

Gesamtbeurteilung: Ich hoffe, du warst schon einmal zuvor in diesem Restaurant.

☑ **Großer Tip**
Wenn ihr beide zu gleicher Zeit geht und euch an der Tür trefft, kannst du beiläufig bemerken: »Wenn es Sie interessiert, kann ich Ihnen ein besseres Restaurant empfehlen, wo Sie sogar preisgünstiger essen: Ich bin nämlich Restauranttester für die Firma Michelin.«

Erfolgsquote: 60%

Gesamtbeurteilung: Ich hoffe, du kennst dich wirklich aus...

☑ **Überraschung**
Wenn du den Kellner gut kennst, dann kannst du auch folgende Nummer bringen. Du hast genau beobachtet, wie die Frau deiner schlaflosen Nächte ein mehrgängiges Menü verspeist. Jetzt hat sie gerade ihren Nachtisch bestellt, z.B. Mousse au chocolat. Nun nimmst du den Kellner kurz beiseite und bittest ihn, unter ihr Dessertschälchen ein Briefchen zu legen. Wenn sie es erstaunt öffnet, liest sie: »Daß Sie diese Nachricht bei Ihrem Nachtisch erhalten, heißt nicht, daß ich Sie vernaschen will. Ich möchte Sie nur gerne kennenlernen.

gez. Einer Ihrer Tischnachbarn.«

An ihrer Reaktion wirst du schon bemerken, ob sie darauf erpicht ist, eine Bekanntschaft zu machen.

Erfolgsquote: 75% (nur absolut spröde Frauen wollen nicht einmal wissen, wer hinter dieser Idee steckt.)

Gesamtbeurteilung: Hoffentlich verschluckt sie sich nicht vor Überraschung...

☑ **Letzte Rettung**
Du läßt den Ober einen netten, kleinen Zettel zu ihr bringen, auf dem steht: »Die Pilze (Crevetten, Auberginen), die Sie gerade gegessen haben, waren vergiftet. Das einzige Gegenmittel, das es gibt, trage ich unter meiner Jacke. Das Gift wird in 30 Minuten zu wirken beginnen. Bis dahin müssen Sie mich nicht nur kennengelernt, sondern auch mit

mir schon einen ruhigen Ort gefunden haben, wo Sie mir die Jacke ausziehen können.

Freundlichst, einer Ihrer Tischnachbarn«

Erfolgsquote: 90% (Not kennt schließlich kein Gebot)

Gesamtbeurteilung: Ich weiß nicht, ob das nicht strafbar ist, was du da machst ...

☑ **Kein Platz mehr frei**
Wenn kein Platz (oder kein Tisch) mehr frei ist, hast du leichtes Spiel. Du fragst höflich, ob du dich zu ihr setzen darfst. »Entschuldigung, ist dieser Stuhl noch frei? Ja? Vielen Dank.« Zunächst kümmerst du dich überhaupt nicht um die Frau, sondern studierst die Karte. Nun kannst du ihr eine konkrete Frage stellen: »Entschuldigen Sie, wenn ich Sie störe. Aber ich bin zum ersten Mal in diesem Restaurant. Wissen Sie, ob die Speisen so gut sind, wie sich das hier anhört?«

Erfolgsquote: 80% (daß sie dir nicht nur die Frage beantwortet, sondern an einem Gespräch interessiert ist)

Gesamtbeurteilung: Ist das Gespräch erst einmal am Laufen, so kannst du auf die Inneneinrichtung des Restaurants, die Zuvorkommenheit des Personals oder eben die Speisekarte zu sprechen kommen. Mit der Zeit wird das Gespräch ganz automatisch zu persönlichen Themen wechseln. Laß dann die Frau erzählen und betätige dich als interessierter Zuhörer (gelegentliches Kopfnicken, erstaunte Blicke).

☑ Im *Schnellrestaurant* gelten wieder andere Regeln:
Nachdem ihr Augenkontakt hattet, stellst du dich bei der Kasse an, wo sie bedient. Dann bestellst du: »Zwei Hamburger, zweimal Pommes und zwei große Cola und alles fünf Minuten nach deinem Dienstschluß in meinem Wagen servieren.«

Erfolgsquote: 80% (daß sie sich nett mit dir unterhält); 10% (daß sie es macht)

Gesamtbeurteilung: Anders als in Amerika sind die Mädchen, die in Schnellrestaurants arbeiten, bei uns meist nicht so attraktiv. Aber Ausnahmen bestätigen ja die Regel.

In der Universität

Der erste Ausflug in der Uni führt meist ins Café bzw. in die Mensa. Dort setzt man sich zu seinem Schwarm an den Tisch und fragt freundlich, in welchem Semester der andere ist. Zum näheren Kennenlernen geht es weiter mit: »Kennst du schon diesen oder jenen Film, dieses nette Café etc.« Oder ganz unverblümt: »Hast du Lust, heute abend mit mir auszugehen?« Die meisten Mädchen finden es goldig, wenn du für sie Spaghetti kochst (keine Ahnung, was Spaghetti so erotisch macht...).

Alle Mädchen stehen auf Romantik. Schreib ihr Gedichte oder laß ihr Gedichte von Shakespeare zukommen, vielleicht in Form einer anonymen Postkarte.

 Wie war das doch gleich?
Außerdem kann man die netten Mädels aus dem Seminar fragen: »Kannst du mir sagen, wo ich dieses oder jenes Buch bekomme?« Oder du verlangst eine kleine Nachhilfestunde: »Dein Referat war wirklich interessant. Aber diesen einen Punkt habe ich noch nicht ganz verstanden. Vielleicht kannst du ihn mir beim Essen in der Mensa noch einmal erklären?!«

Erfolgsquote: 90%

Gesamtbeurteilung: Vielleicht bringt sie dir später noch ganz andere Dinge bei...

 Gerade im Fremdsprachenunterricht gibt es den eindeutig zweideutigen Satz: »Du bist doch gut in Französisch, oder? Kannst du mir nicht mal 'ne Nachhilfestunde geben?«

Erfolgsquote: (wenn sie rafft, was du von ihr willst) 55%, daß sie lacht ...

Gesamtbeurteilung: Vielleicht antwortet sie ja: »Klar, Französisch kann ich gut! Nur mit der Sprache hapert es noch ein bißchen ... «

☑ Gut geraten
Du beobachtest deinen Traum das ganze Seminar über. Dann gehst du zu ihr hin und sagst: »Du bist Skorpion (Löwe, Fisch), stimmt's?« »Ja, woher weißt du das?« »Ich weiß auch nicht woher, ich wußte es einfach ... «

Erfolgsquote: 75%

Gesamtbeurteilung: Horoskope sind ein gutes Einstiegsthema. Man kann ewig darüber reden, wer zu wem paßt und wer welche Eigenschaften hat.

☑ Besser zu zweit
»Heute abend gehe ich erst japanisch essen, dann sehe ich mir im Kino den neuen Film mit Kim Basinger/Richard Gere etc. an, schließlich werde ich noch auf ein Stündchen in eine Bar gehen und dann gehe ich ins Bett. Wenn dir das alles auch Spaß machen würde, bist du herzlich eingeladen, mitzukommen.«

Erfolgsquote: 70%

Gesamtbeurteilung: Wenn ihr den ganzen Abend ohne den letzten Punkt deiner Aufzählung gemeinsam verbringt, ist das auch schon was.

Ein Kapitel für sich sind die Feministinnen an der Uni. Sie scheinen geschlechtslose Wesen zu sein, da sie jedes Ansprechen mit sexueller Belästigung gleichsetzen. Wenn du sie mit einem flotten Spruch ansprächest, würden sie dich wahrscheinlich sofort als Macho abstempeln. Du hast also wenig Grund, eine Feministin anzusprechen. Das wäre Verrat an der Sache. Außerdem, von wenigen Ausnahmen abgesehen, sind sie eher unattraktiv. Das liegt vor allem daran, daß die meisten es ablehnen, mit ihren weiblichen Reizen zu spielen. Außerdem stehen die führenden Köpfe der feministischen Bewegung (Andrea Dworkin, Catherine MacKinnon, Gloria Steinem, Betty Friedan usw.) immer noch auf dem Standpunkt, jeder Geschlechtsakt sei eine Unterwerfung der Frau unter den Mann. Mit dieser Gruppe dürftest du es also ebensowenig zu tun bekommen wie mit den bibeltreuen Jugendlichen, die das Gelübde ablegen, unberührt in die Ehe zu gehen (»Wahre Liebe wartet«).

In der U-Bahn

Nirgendwo gibt es mehr Augenflirten als in der U-Bahn. Man sieht sofort, ob der andere interessiert ist oder nicht. Außerdem sind U-Bahnfahrten langweilig, und es bietet sich deshalb an, sich die Zeit mit einem kleinen Gespräch zu vertreiben. Wie also jemanden kennenlernen?

Sehr viele der bereits genannten Tricks und Sprüche kannst du natürlich auch in der U-Bahn anwenden, aber es gibt auch einige spezielle Maschen für diese Situation. Wünsch z.B. deinen Mitreisenden «Gesundheit«, wenn sie niesen. Wenn du jemand Bestimmtes kennenlernen willst, dann achte darauf, was er liest.

☑ **Mitgelesen**

Liest sie z.B. die F.A.Z., dann nimm sie ihr mit den Worten aus der Hand: »Darf ich, ich möchte nur mal sehen, wie meine Aktien stehen...« Wenn sie ein Buch über Rechnungswesen liest, so kannst du fragen: »Studierst du auch BWL?«

Wenn sie den neuen Nagib Machfus liest, so sagst du: »Entschuldige bitte, wenn ich dich störe. Aber ich hätte gern gewußt, was du von diesem Buch hältst. Ich habe schon einiges darüber gehört – ist es wirklich so fesselnd?« Oder bei Steven King: »Wie findest du das Buch, es ist eines meiner Lieblingsbücher...«

Erfolgsquote: 90% (Zur Erklärung der restlichen 10%: Auch ich bin manchmal morgens in der U-Bahn nicht auf ein Gespräch eingestellt. Das muß man einfach akzeptieren.)

Gesamtbeurteilung: Na siehst du, so einfach ist das ...

☑ Es wird Zeit

»Jetzt seh ich dich seit Wochen jeden Morgen in der U-Bahn. Ich denke, es wird Zeit, daß wir uns einmal kennenlernen. Mein Name ist Peter.« Mit diesen Worten hältst du ihr die Hand hin.

Erfolgsquote: 95% (und die 5%, die hier sagen: »Sorry, ich habe kein Interesse, dich kennenzulernen«, sind nur arrogant und mies.)

Gesamtbeurteilung: Dies ist nicht unbedingt ein Anmachtrick, sondern ein gutes Mittel, um ins Gespräch zu kommen.

☑ Der Kontrolleur

Du ziehst dich betont unauffällig an und schlenderst zusammen mit ein paar Freunden zu einem Mädchen (besser noch einer Gruppe von Mädchen): »Die Fahrausweise bitte, meine jungen Damen!«

Erfolgsquote: 80%

Gesamtbeurteilung: Natürlich werden sie sofort kapieren, daß Ihr keine echten Kontrolleure seid, aber wahrscheinlich finden sie es originell und bitten euch, sich zu ihnen zu setzen. Wenn sie es nicht durchschauen und keinen Fahrschein haben, könnt ihr die Strafe ja unter der Bedingung erlassen, daß sie mit euch Eisessen gehen. Wahrscheinlich antworten sie dann: »Das ist ja eine noch viel schlimmere Strafe.«

☑ Photomappe

Mit einem Photoapparat ausgestattet setzt du dich in die U-Bahn. »Entschuldige, könntest du ein Photo von mir machen. Ich habe mich bei einer Film- und Schauspielschule beworben und muß eine Mappe mit möglichst ungestellten Eigenportraits abgeben. Deshalb führe ich jetzt immer einen Photoapparat mit mir und frage alle möglichen Leute, ob sie mich knipsen.«

Erfolgsquote: 100% (daß sie ein Photo macht)

oder alternativ:
»Entschuldige bitte, darf ich ein Photo von dir machen? Ich mache bei einem Photowettbewerb für Amateure mit, der sich »Traumfrauen« nennt. Sie suchen Bilder von ausgesprochenen Schönheiten. Darf ich dich knipsen?«

Erfolgsquote: 85% (daß du ein Photo machen darfst)

Gesamtbeurteilung: Dick aufgetragen, aber ins Gespräch kommt man mit dieser Strategie mit Sicherheit.

Im Schwimmbad

 Ein penetranter Verehrer
Voraussetzung: Du hast einen Freund dabei, der bereit ist, sich zum Affen zu machen. Ihr kommt getrennt und legt euch beide in Sichtweite des Mädchens. Nun beobachtet dich dein Freund ständig mit lüsternen Blicken. Als du umziehst, kommt er hinter dir her und legt sich in deine Nähe. Sorgt dafür, daß das Mädchen dies alles schön beobachten kann. Schließlich gehst du zu dem Mädchen hin und sagst: »Darf ich mich einen Moment neben dich legen. Der Typ da vorne ist wohl schwul, er verfolgt mich die ganze Zeit. Wenn er denkt, daß wir zusammengehören, dann läßt er mich hoffentlich in Ruhe.«

Erfolgsquote: 85%

Gesamtbeurteilung: Da jedes gutaussehende Mädchen das Problem, von einem hartnäckigen Verehrer verfolgt zu werden, kennt, wirst du hier sicher auf Verständnis stoßen.

☑ **Schwester verloren**
Du läufst suchend durch die Gegend, dann fragst du das Mädchen, auf das du es abgesehen hast: »Hast du meine kleine Schwester gesehen? Sie ist 7 Jahre alt und scheint sich verlaufen zu haben. Nicht? Kannst du mir vielleicht suchen helfen?« Nachdem ihr das halbe Schwimmbad durchkämmt habt, rufst du zu Hause an und erzählst dann dem Mädel, daß deine Schwester längst zu Hause ist. Sie war alleine zurückgelaufen. Als Dank dafür, daß sie dir suchen geholfen hat, lädst du sie zu einem Eis ein.

Erfolgsquote: 50%

Gesamtbeurteilung: Riskant, denn wenn sie später einmal bei dir zu Hause sein sollte, merkt sie, daß du gar keine Schwester hast. Aber wahrscheinlich wird sie es dir dann nicht mehr übelnehmen, daß du sie mit einem Trick kennengelernt hast.

Variante: Du fragst nur, ob sie deine Schwester gesehen hat, aber nicht, ob sie dir auch suchen hilft. Wenn ihr euch dann später wieder trefft, wird sie sich schon erkundigen, ob du deine Schwester gefunden hast.

☑ **Fliege im Auge**
»Kannst du mal schauen? Ich glaube, ich hab was im Auge.« Mit diesen Worten schaust du ihr tief in die Augen. Sie wird sicher fürsorglich deine Augen untersuchen.

Erfolgsquote: 75%

Gesamtbeurteilung: Schau mir in die Augen, Kleines...

☑ **Buchautor**
Wenn du dein Girl schon kennengelernt hast und ihr euch angeregt unterhaltet, dann fragt sie dich vielleicht irgendwann, was du beruflich machst. Darauf antwortest du ganz frech: »Ich schreibe gerade ein Buch über mein Sexualleben. Hättest du nicht Lust, darin erwähnt zu werden?«

Erfolgsquote: 75%

Gesamtbeurteilung: Vielleicht kannst du deinem Buch bald ein paar neue Seiten hinzufügen...

☑ Aufwärmen

Wenn ihr eine Gruppe von Jungen seid und die Mädels euch ohnehin angaffen, dann könnt ihr auch ganz sportlich nach dem Bad zu ihnen hingehen und lachend sagen: »Uuh, das Wasser ist eisig. Wir dachten, wir setzen uns ein bißchen zu euch, dann wird uns bestimmt warm. Hoffentlich kommen Eure Freunde nicht so schnell wieder....!?«

Erfolgsquote: 80% (wenn ihr gut aussieht)

Gesamtbeurteilung: Ziemlich dreister Spruch, den man nur empfehlen kann...

☑ Angenehm naß...

Oder wenn dein Traumgirl gerade aus dem Wasser kommt, dann kannst du sie mit dem zweideutigen Satz begrüßen: «Je nasser man ist, desto besser fühlt man sich als Mädchen, nicht wahr?!?«

☑ In der Bank

Wenn du die Bankangestellte sehr anziehend findest: »Ich möchte mein Konto auflösen.« Sie zahlt nun das restliche Guthaben aus. »Behalten Sie 100 DM für sich.« »Warum? Das darf ich nicht!« »Doch, Sie laden mich nämlich zum Essen ein...«

Erfolgsquote: 20%

Gesamtbeurteilung: Trotz Witz und gutem Einfall nur eine geringe Erfolgsquote. Das liegt wohl daran, daß Bankangestellte so korrekt sind. Dabei darf sie natürlich erst alles Geld auszahlen und dann 100 DM als Geschenk annehmen.

Unterwegs

Die Zugfahrt

Auf einer längeren Zugfahrt muß es nicht langweilig werden, schließlich kennst du jetzt schon eine Menge guter Tricks, um nette Leute kennenzulernen. Meist reicht ein normal höfliches Verhalten, wie z.B. einen schweren Koffer auf die Ablage über den Sitzen zu heben oder einen Sitzplatz anzubieten, schon aus, um problemlos ein Gespräch zu beginnen. Falls du dennoch keinen Kontakt findest, dann prüf zunächst, ob du vielleicht irgendwelchen Dreck am Hemd hast, und merk dir die folgenden Sprüche:

☑ Aufpasser gesucht

»Könntest du vielleicht die nächste Viertelstunde auf meine Tasche/meinen Koffer achten, während ich im Zugrestaurant bin?« Dieser Spruch ist eigentlich immer erfolgreich, es sei denn, du hast ein absolut unzugängliches Mädchen angesprochen. Er eignet sich blendend, um ins Gespräch zu kommen. Du kannst natürlich auch lächelnd zu einem Mädchen sagen: »Na, du siehst so aus, als befindest du dich auf einer langen Reise.« »Hm.« »Wo fährst du denn hin?«

Erfolgsquote: 95%

Gesamtbeurteilung: Wie ihr seht, ist es völlig problemlos, im Zug jemanden kennenzulernen.

☑ **Einladung zum Essen**
»Hätten Sie Lust, dieses Abteil gegen den Speisewagen einzutauschen?«

Erfolgsquote: 70%

Gesamtbeurteilung: Nicht schlecht! Wenn sie Nein sagt, kannst du immer noch fragen, ob du ihr etwas zu trinken mitbringen sollst. Vielleicht antwortet sie ja lächelnd: »Warum nicht gegen den Schlafwagen?«

☑ **Gesellschaftsspiele**
Warum sich die lange Reise nicht mit einem Spiel vertreiben? Du hast vorsorglich immer einige Gesellschaftsspiele dabei.
»Haben Sie Lust, eine Partie Schach (Karten, Backgammon, Mühle . . .) mir mir zu spielen?«

Erfolgsquote: 50%

Gesamtbeurteilung: Nicht jeder ist ein »Spiele-Mensch«. Wenn dein Gegenüber ablehnt, dann liegt es sicher daran, daß sie zu müde ist, lieber lesen möchte oder sich schlecht konzentrieren kann.

Variante: Wenn sie es noch nicht kennt, dann bietest du an, ihr die Spielregeln beizubringen.

☑ **Zigarette?**
Uralt und abgedroschen ist der Spruch: »Rauchen Sie?« Entweder du zückst deine Zigarettenschachtel, steckst dir eine an und fragst sie dann. Oder du fragst sie zuerst, und wenn sie mit ja antwortet, sagst du: »Darf ich mir dann bei Ihnen eine schnorren?«

In jedem Fall empfiehlt es sich, stets ein Feuerzeug bei sich zu haben, um ihr Feuer geben zu können. Nicht empfehlenswert ist es hingegen, deshalb das Rauchen anzufangen.

Erfolgsquote: 70%

Gesamtbeurteilung: Befindest du dich eigentlich im Raucherabteil?

Im Flugzeug

☑ Händchen halten

Während der Warterei vor dem Start rutschst du unruhig auf deinem Platz hin und her. Als schließlich die Motoren angelassen werden, läßt du aus Versehen irgend etwas (nichts Zerbrechliches) fallen. Und wenn das Flugzeug zu rollen beginnt, wendest du dich an deine Nachbarin (die dich schon die ganze Zeit amüsiert und argwöhnisch zugleich beobachtet hat): »Entschuldigen Sie, ich habe wahnsinnige Flugangst. Würden Sie vielleicht für einen Moment meine Hand halten – nur bis der Start vorbei ist.« Wahrscheinlich wird sie das nicht ablehnen, und falls doch, dann weißt du zumindest, daß bei ihr nichts zu holen ist.

Erfolgsquote: 55% (bei Leuten mit nassen Händen niedriger)

Gesamtbeurteilung: Du kannst dich natürlich auch ganz an sie klammern oder wimmernd den Kopf in ihren Schoß legen, aber das wäre vielleicht doch etwas übertrieben...

☑ Rettungsschwimmer

Bei Übersee-Flügen knuffst du deine Sitznachbarin jovial in die Hüfte und sagst freundschaftlich: »Haben Sie keine Angst. An Ihrer Seite sitzt ein ausgebildeter Rettungsschwimmer.«

Erfolgsquote: 75%

Gesamtbeurteilung: Auch eine Möglichkeit, um ins Gespräch zu kommen...

Beim Einkaufen

In vielen Hollywood-Filmen lernen sich die Akteure beim Einkaufen kennen. Auch wenn dem Autorenteam das komisch erscheint, weil unsere Erfahrungen andere sind, haben wir uns Gedanken gemacht, wie man im Supermarkt, im Feinkostgeschäft oder im Fachhandel Kontakte knüpfen kann.

Zunächst ist in großen Kaufhäusern tatsächlich die Auswahl an Frauen enorm. Man erkennt am Inhalt ihrer Einkaufswagen ziemlich schnell, welche Gewohnheiten sie haben und ob sie in festen Händen sind. Wenn der Wagen voll mit Windeln und Babynahrung ist, würde ich vom Ansprechen abraten, ebenso wenn sie einen Ehering trägt. Am leichtesten lernt man Frauen in Modeboutiquen wie H & M, Esprit, Levis usw. kennen.

☑ Pulli für Schwester gesucht

Du kannst vorgeben, etwas für deine Schwester zu suchen und dabei Hilfe zu benötigen. Am besten, du nimmst ein Kleidungsstück aus dem Regal und gehst damit auf sie zu: »Entschuldige, ich möchte meiner Schwester diesen Pulli zum Geburtstag schenken, bin mir aber nicht sicher, ob er ihr paßt. Du hast dieselbe Figur wie sie. Meinst du, du könntest ihn mal kurz überziehen? Das wäre nett...«

Erfolgsquote: 85%

Gesamtbeurteilung: Honi soit qui mal y pense...

Variante: Wenn du gerade gut bei Kasse bist und sie dir wirklich gut gefällt, dann kannst du hinzufügen: »Hm, er steht dir wirklich so gut, daß du ihn behalten solltest. Du bekommst ihn von mir geschenkt!«

☑ Modeberatung

Unentschlossen läufst du mit verschiedenen Kleidungsstücken hin und her. Schließlich wendest du dich an eine(n) Dritte(n): »Welches Hemd (Pulli, Jacke..) steht mir besser? Dieses oder dieses?«

Erfolgsquote: 90%

Gesamtbeurteilung: Niemand wird so unhöflich sein und dir nicht einen Augenblick Zeit schenken.

Aber übertreib es bitte nicht. Natürlich kannst du einer Frau, die sich in einem schicken Kleid im Spiegel betrachtet, einen anerkennenden Blick zuwerfen und sagen: »Die Modezaren von Paris und Mailand warten auf Sie.« Aber vermeide es, jemanden anzustarren, der gerade Kleidungsstücke vor dem Spiegel anprobiert. Natürlich kannst du sie fragen, ob Größe 44 bei Dessous M oder L entspricht, aber erspar dir Bemerkungen wie: »Dieser BH würde Ihnen sicher toll stehen.«

Parfümerie

Günstig ist auch die Parfümerieabteilung. Dort kannst du ein Mädchen ebenfalls fragen, ob sie findet, daß das Herrenparfüm, das du dir kaufen willst, gut riecht. Besonders cool, aber ziemlich teuer, ist folgende Masche. Wenn du siehst, wie ein Mädchen mit einer Parfümflasche zur Kasse geht, sagst du zu ihr: »Ich finde, keine Frau sollte sich ein Parfüm selber kaufen. Wenn du willst, schenke ich es dir...« Die Vorstellung wird vollendet, wenn du lächelnd bezahlst und »Tschüß« sagst, bevor sie sich überhaupt bedanken kann. Während du schon davonspazierst, wird sie dir hinterherlaufen und sich bei dir bedanken wollen. Den Dank nimmst du schüchtern an, fragst sie aber nicht, ob sie noch einen Kaffee mit dir trinken gehen will. (Sonst könnte sie glauben, du wolltest sie kaufen.) Wahrscheinlich wird sie dann irgendwann fragen, ob ihr nicht einmal zusammen ausgehen könnt.

☑ **Vorgeschobene Schwester**
Du bringst wieder deine (nicht vorhandene) Schwester ins Spiel: »Kannst du mir helfen, Parfüm für meine Schwester auszusuchen. Sie ist in etwa dein Typ...«

Erfolgsquote: 90%

Gesamtbeurteilung: Komisch, wer auf einmal alles eine Schwester hat...

Geschenkwarenabteilung

In der Geschenkartikelabteilung ist es nun wirklich leicht, jemanden anzusprechen. Du fragst einfach: »Vielleicht können Sie mir helfen. Erstens brauche ich noch ein Geschenk für eine Party und zweitens würde ich Sie gerne zu dieser Party mitnehmen.«

Lebensmittelabteilung

Viele Anknüpfungspunkte gibt es auch in der Lebensmittelabteilung bzw. im Supermarkt. Du spielst mal wieder den unselbständigen Trottel:

☑ »Können Sie mir sagen, welche Art von Quark ich für »Sauce hollandaise« brauche?«

☑ »Welches von diesen Waschmitteln taugt denn etwas?«

☑ »Ißt man Lachs nur mit Weißbrot oder kann man ihn auch mit normalem Brot essen?«

☑ **Eine Einladung**
Etwas direkter und nur nach ausgiebigem Augenkontakt zu empfehlen: »Welches Fleisch und welchen Fisch soll ich besorgen, wenn ich dich zum Essen einladen will? Und welchen Wein dazu?«

Erfolgsquote: 45%

Gesamtbeurteilung: Du solltest kochen können, wenn du diesen Spruch benutzt.

☑ **Kochkünste ausprobieren**
Ich habe gerade einen Kochkurs bei der Volkshochschule mit Bravour absolviert. Leider habe ich niemanden, den ich bekochen könnte. Aber den Truthahn, den Sie in Ihrem Wagen haben, könnte ich vortrefflich für Sie zubereiten, wenn Sie sich von mir zum Essen einladen lassen.«

Erfolgsquote: 15%

Gesamtbeurteilung: Erstens solltest du nun wirklich so gut kochen können, wie du behauptest und zweitens ist wohl klar, daß du an der Kasse alles bezahlst, wenn sie »Ja« sagt.

☑ **Safety first**
Manchmal trifft man im Supermarkt Frauen, die einen mit Blicken schon halb auffressen. Hier vergeudest du keine Zeit, sondern fragst: »Entschuldigung, wissen Sie, ob es hier Kondome zu kaufen gibt?«

Abgeblitzt?

Macht auch nichts. Denn: Wer wagt, gewinnt. Oft, aber nicht immer, denn das Risiko, einen Korb zu bekommen, besteht stets. Schließlich wäre es auch langweilig, wenn jede Anmache zum Erfolg führen würde. Wenn du also einmal eine Abfuhr bekommst, schmeiß dieses Buch nicht gleich in den Ofen. Es gibt 100 mögliche Gründe dafür:
– Sie hatte ihren Freund an der Hand, als du sie angesprochen hast.
– Du hattest noch Essensreste an deinem T-Shirt.
– Fünf Minuten, bevor du ihr begegnet bist, hat sie ihren Arbeitsplatz verloren oder ihr Wellensittich ist gestorben.
– Vielleicht hat dein Vorgänger sie so blöd angegraben, daß sie sich geschworen hat, sich niemals wieder von einem Jungen ansprechen zu lassen (vielleicht merkt sie ja irgendwann, was sie versäumt).

Ein heikles Kapitel ist der zweite Versuch, wenn man also mit dem ersten Spruch abgeblitzt ist. Aber auch hier gibt es Rat:

☑ »Sie verstehen mich nicht und ich verstehe Sie wohl auch nicht. Sieht aus, als hätten wir zumindest das gemeinsam. Vielleicht kann man darauf aufbauen...«

Erfolgsquote: 15%

Gesamtbeurteilung: Wenn du sie damit zum Lachen bringst, hast du noch eine gute Chance.

☑ »Haben Sie das schon mal erlebt, das einem die Liebe des Lebens über den Weg läuft und dann für immer in der anonymen Masse verschwindet? Einen kurzen Augenblick Glück zu erahnen, ist besser als nichts. Wenn ich die Wahl zwischen dem Kummer und dem Nichts habe, werde ich immer den Kummer wählen.«

Erfolgsquote: 35 %

Gesamtbeurteilung: Wenn sie literarisch interessiert ist, wird sie jetzt sagen, von wem der letzte Satz stammt, und ihr habt ein neues Gesprächsthema.

☑ »Verdammt noch mal, ich war gerade dabei, ein bißchen Selbstbewußtsein zu bekommen und nun dies.«

Erfolgsquote: 20 %

Gesamtbeurteilung: So lala...

☑ »Jetzt habe ich mir extra so ein komisches Buch gekauft und es hat immer noch nichts genutzt. Könnte ich es bitte schriftlich bekommen, daß Sie mir gerade einen Korb gegeben haben, dann werde ich mich bei diesem Andreas Wassermann beschweren.«

Erfolgsquote: 0,00 %

Gesamtbeurteilung: Den Spruch solltet ihr lieber lassen, ich finde ihn gar nicht lustig...

Der perfekte Liebhaber

So, du hast alle Sprüche aus diesem Buch ausprobiert und bist trotzdem überall abgeblitzt? Schon mal daran gedacht, daß es auch an dir liegen könnte? Betrachte dich also zunächst einmal selbst. Würdest du mit dir ausgehen wollen? Bist du wirklich der tolle Typ, für den du dich hältst? Jeder kann sich bessern, sofern er seine Fehler erkennt und an sich arbeitet.

Ein perfekter Liebhaber ist aber nicht nur an der Verbesserung seiner sexuellen Leistungen interessiert, er achtet ebenso auf sein Äußeres. Es ist also selbstverständlich, täglich zu duschen und nicht mit ungewaschenen Haaren auf die Straße zu gehen. Egal, wenn du zu Hause im Jogginganzug herumläufst, aber sobald du unter Leute gehst, solltest du dich ordentlich und je nach Anlaß kleiden.

Nimm ein gutes Duftwässerchen, wenn du ausgehst (es sei denn, du willst mit ihr Squash spielen).

Achte auf Kleinigkeiten: Pflege deine Hände und küß nicht mit Mundgeruch. Auch die langjährige Freundin kann erwarten, daß du dir nach einem Zwiebelgericht die Zähne putzt (oder einen Kaugummi nimmst), bevor du sie küßt.

Der Mann von heute sollte mindestens fünf gute Kochrezepte beherrschen und mindestens drei Cocktails zaubern können – auch um Mitternacht.

Bildung ist nicht das wichtigste, aber wenn du »Ich liebe dir« statt »Ich liebe dich« sagst, wird dir jede Frau den Laufpaß geben. Ideal ist es, wenn du mehrere Fremdsprachen sprichst, tanzen kannst und ein paar Lieder auf dem Klavier beherrschst. Wenn du dazu noch singen kannst, ist es auch kein Nachteil.

Um ein Fitneßtraining kommt heute niemand mehr herum. Du mußt ja nicht aussehen wie Arnold, auch softe Sportarten wie Schwimmen oder Joggen verbessern deine Konstitution. Such dir eine Sportart, die dir liegt, und übe sie regelmäßig aus. »Ein gesunder Geist steckt in einem gesunden Körper«, heißt es. Wahr ist jedenfalls, daß du dich in deiner Haut wohler fühlst, wenn du einen gesunden, trainierten Body hast.

Mal davon abgesehen, daß deine Wohnung kein Saustall, sondern geschmackvoll eingerichtet sein sollte, noch ein paar Worte zum Bett: Es sollte so groß sein, daß es den Namen »Spielwiese« auch verdient. Vergiß Wasserbetten (und ähnlichen Schnickschnack), das Bett kann (fast) nicht hart genug sein. – – Außerdem gehören viele Kerzen und Sekt ins Schlafzimmer, auch eine Flasche Wasser für hinterher. Falls ihr darauf steht, kannst du auch Seile und Tücher irgendwo unterbringen. Ergänzt wird das Ambiente durch eine gute Musikanlage, am besten mit Fernbedienung und großer CD-Auswahl.

Die wichtigste Regel für eine erfolgreiche Liebesnacht ist folgende: Nimm dir vor, die Frau, mit der du zusammen bist, wirklich glücklich zu machen (wenn auch nur für eine Nacht). Sie soll mit einem guten Gefühl an dich zurückdenken. Ohne hier zu sehr in die Details zu gehen, noch zwei Hinweise: Mach einen Massagekurs und achte auf das Nachspiel. Denn aufgrund des Nachspiels beurteilen Frauen die Qualität des Erlebnisses.

Im Bett

Dieses Kapitel stellt in mancherlei Hinsicht eine Ausnahme dar, so ist es auch das heikelste. Denn es geht um die Frage, ob man heutzutage überhaupt noch verführen »darf«.

Wie Teile der Frauenbewegung über die sexuellen Beziehungen zwischen den Geschlechtern denken, ist bekannt. Am Antioch College in Ohio stellte vor kurzem eine Rechtsanwältin den staunenden Studenten einen dreizehnseitigen Sexualratgeber vor. Darin heißt es u.a.: »Wenn du ihre Bluse öffnen möchtest, mußt du sie fragen. Wenn du ihre Brust berühren möchtest, mußt du sie fragen. Wenn du deine Hand zu ihren Genitalien hinbewegst, mußt du sie fragen, und nur ein klar und deutlich ausgesprochenes Ja zählt.« (Die Zeit, ML, 28.1.94)

Womens Lib in den USA hat inzwischen an einigen Colleges durchgesetzt, daß Studenten beiderlei Geschlechts sich zu folgender Regelung zu verpflichten haben: »Jungen haben von Mädchen *vor jeder* Phase des Sexualaktes die ausdrückliche schriftliche Einwilligung einzuholen. Wurde vorher Alkohol getrunken, so ist die Einwilligung unwirksam.«

Die Autoren dieses Buches lehnen diese Bestrebungen ab. Die »sexuell korrekte« Gesellschaft, die anscheinend alle Unwägbarkeiten bei der schönsten Sache der Welt ausschalten will, ist ein Horrorszenario, vergleichbar mit Orwells 1984.

Verführung bedeutet, mit Charme und/oder anderen Künsten den anderen zu überzeugen und ihn von seinem ursprünglichen Willen, standfest zu bleiben, abzubringen. Sie ist eigentlich Bestandteil und Variante des sexuellen Spiels. Es ist deshalb lächerlich, jede Verführung mit sexueller Belästigung gleichzusetzen.

Wir befürchten, daß, wenn jeder zaghafte Versuch einer Verführung sofort mit sexuellem Mißbrauch gleichgesetzt wird, wir wieder in die Lustfeindlichkeit vergangener Jahrhunderte zurücksteuern. Schon heute ist die Zahl jener Jungen in der Altersgruppe der 13- bis 19jährigen äußerst gering, die noch den Mut zur Verführung haben. Woher soll ein Junge auch wissen, ob ein Mädchen Nein sagt, weil sie der verlogenen Moral unserer Gesellschaft wegen nicht von anderen als Schlampe bezeichnet werden will, oder ob sie tatsächlich keine Lust hat. Viele Mädchen glauben nämlich, es gehöre einfach dazu, die Widerspenstige zu spielen, weil der Junge sonst denken könnte, sie wäre für jeden leicht zu haben. Andererseits sind viele Mädchen dann enttäuscht, wenn der Junge auf ihr abweisendes Verhalten reagiert. Wieviele Mädchen sagen denn schon offen – auch in einer längeren Beziehung: »Ich will jetzt Sex haben!«? Aufgrund der zum Teil immer noch sexualfeindlichen Erziehung ist das Märchen von der passiven Frau und dem aktiven Mann noch längst nicht aus den Köpfen.

Wenn ein Junge heute mit einem Mädchen Petting macht und mit ihr schlafen möchte, aber nicht genau weiß, ob sie es auch möchte, dann befindet er sich in einer heiklen Situation. Er muß ihre Reaktionen deuten. Ich wünsche mir den Tag, an dem man Mädchen ganz einfach fragen kann.

Die Autoren sind sich einig, daß es eine Grenze gibt, die niemals überschritten werden darf. Wenn ein Mädchen mit Nachdruck »Nein!« sagt oder aufsteht und sich anzieht, dann heißt das auch »Nein«. Wenn ihr das nicht akzeptiert, dann ist es Nötigung oder gar Vergewaltigung, und die wird zum Glück hart bestraft.

Noch ein zweites Anliegen: Tut es niemals ohne Kondome. Wir leben im Zeitalter von AIDS, und ein einziger ungeschützter Sexualkontakt kann Siechtum und Tod bedeuten. Deshalb gibt es keine, aber auch nicht die geringste Entschuldigung für ungeschützten Sex mit einem Menschen, mit dem man noch nicht lange fest zusammen ist und der einen AIDS-Test gemacht hat. Gerade wenn Alkohol getrunken wurde, müßt ihr besonders darauf achten. Nur wirklich blöde Zeitgenossen setzen ihr Leben für eine schnelle Nummer aufs Spiel. Wenn sie Kondome ablehnt, dann habt ihr es mit einem völlig verantwortungslosen Mädchen zu tun und solltet sie in den Wind schießen.

Sex ist eine wunderschöne Sache, ohne die das Leben nur halb soviel Spaß machen würde. Um ihn unbeschwert genießen zu können, gibt es Gummis. Es ist vollkommener Quatsch, daß die Dinger die romantische Stimmung zerstören oder das Gefühlsempfinden beeinträchtigen. Für den Casanova von heute sind Kondome schlicht eine Selbstverständlichkeit. Er führt im Portemonnaie stets einige mit sich.

Weil es leider viele Menschen gibt, die AIDS benutzen, um eine neue Prüderie und Sexualfeindschaft einzuklagen, noch ein klares Wort zur Wirksamkeit von Präservativen (Kondomen): Markenkondome werden elektronisch getestet und bieten bei richtiger Benutzung praktisch einen 100%igen Schutz. Bevor ein Markenkondom in seine Packung gekommen ist, hat es folgendes mitgemacht: Gezerrt und gedehnt muß es 650 Prozent seiner ursprünglichen Länge erreichen, ohne zu zerreißen. Außerdem muß es mindestens 18 Liter Luft fassen können, nur dann gilt es als frei von selbst kleinsten Löchern und darf in den Handel.

AIDS muß also dem Spaß an der Lust keinen Abbruch tun. Ihr könnt mit so vielen schlafen, wie ihr wollt, ohne die geringste Angst haben zu müssen – wenn ihr euch richtig verhaltet. Es ist leichter, sich vor AIDS zu schützen als vor einer Erkältung, also tut es auch.

Jetzt aber zu den Verführungstricks:

☑ **Mir kommen die Tränen**
Jeder Junge hat schon einmal eine Situation erlebt, in der er beim Petting den Wunsch bekommt, mit ihr zu schlafen, sie sich aber nicht »rumkriegen lassen« will.
Sie: »Bis hierher und keinen Schritt weiter.« Er: »Du findest mich in Wirklichkeit häßlich und abstoßend, gib's doch zu.«

Erfolgsquote: 60%, daß sie es sofort dementiert.

Gesamtbeurteilung: Da sie dich aber gern hat und süß findet (sonst läge sie ja nicht mit dir im Bett), will sie dich nicht verletzen und wird dir nun auch stärker als bisher zeigen, daß sie dich mag. Wenn sie allerdings schlau ist und die List durchschaut, dann antwortet sie lakonisch: »Ja, so ist es.«

☑ **Ist Sex nur für Jungen schön?**
Sie sagt, daß du sie nur rumkriegen willst.
»Wenn du noch einmal sagst, daß ich dich bloß rumkriegen will, fahre ich dich sofort nach Hause. Wenn du glaubst, daß es nur für mich schön wäre, hast du die falsche Einstellung. Sex ist keineswegs etwas, was Mädchen den Jungen zuliebe tun, sondern es bereitet beiden Freude und Vergnügen. Es bringt dir ja wohl ebensoviel wie mir.«

Erfolgsquote: hoch (daß sie jetzt mit dir schläft)

Gesamtbeurteilung: Das ist kein Trick, sondern eine Klarstellung.

 Bis hierher und nicht weiter
Wenn sie im Bett ausdrücklich sagt, daß sie zwar gern Zärtlichkeiten austauscht und Petting mitmacht, aber auf richtigen Sex noch keine Lust hat, dann mußt du das natürlich akzeptieren. Klär sie aber mal darüber auf, daß Jungs Schmerzen in den Eiern bekommen, wenn sie trotz längerer Erektion nicht zum Orgasmus kommen. Da sie be-

stimmt nicht will, daß du Schmerzen erleidest, aber andererseits auf das Petting nicht verzichten will, soll sie dir wenigstens eine Alternative anbieten, also es dir mit der Hand (oder dem Mund) machen. Schließlich läßt sie sich ja beim Petting auch von dir mit der Hand zum Orgasmus bringen, also ist es nur gerecht, wenn auch du nicht ohne Orgasmus bleibst.

Erfolgsquote: hoch (daß sie entweder jetzt mit dir schläft oder dir eine Alternative anbietet)

Gesamtbeurteilung: Ebenfalls kein Trick, sondern ein Hinweis auf physische Tatsachen, die sie im medizinischen Lexikon nachschlagen kann. Wenn ihr egal ist, ob du Schmerzen hast, oder wenn sie der Meinung ist, Jungs müssen das aushalten, dann solltest du dir überlegen, ob du eine solche Freundin willst. Schließlich schlafen die meisten Paare ab einem gewissen Alter miteinander, und es ist nicht einzusehen, warum gerade ihr diesen wichtigen Bestandteil einer Beziehung ausklammern sollt.

☑ **Hartnäckigkeit**
Man kann auch immer ein bißchen mehr fordern: Nur einen Kuß, nur noch eine Umarmung, wir machen wirklich nur Petting und bumms. Aber es stellt sich die Frage, was so ein Erlebnis bringt, wenn sie nur widerwillig und nicht aus vollem Herzen mitmacht. Andere Mädchen hingegen lassen tatsächlich alle Zurückhaltung fahren, sobald man irgendwie mit dem Akt angefangen hat und gebärden sich wie Verdurstende in der Wüste, die eine Oase erreichen. Trotzdem ist bei diesem Trick Vorsicht angesagt, du kannst die zarte Pflanze eurer Beziehung leicht zerstören, wenn du zu ungestüm bist.

☑ **Zu aufgeregt, um einzuschlafen**
Wenn du neben deinem Traumgirl im Bett liegst und sie dir nur einen freundschaftlichen Gute-Nacht-Kuß gibt, dann bescheide ihr mit entrüsteter Stimme: »Mein Gott, wie stellst du dir das eigentlich vor. Ich liege hier neben der schönsten und begehrenswertesten Frau, die ich in den letzten Jahren getroffen habe, und du verlangst, daß ich einschlafe. Niemals könnte ich das. Du machst mich viel zu verrückt! Allein deinen Atem zu spüren und dich zu riechen, bringt mich fast zum Wahnsinn. Also laß uns wenigstens noch ein bißchen kuscheln.«

Erfolgsquote: hoch (daß ihr kuschelt oder noch mehr macht)

Gesamtbeurteilung: Natürlich könntest du auch schlafen wie ein Stein, aber das willst du ja nicht. Schlafen kann man schließlich, wenn man tot ist.

Der Autor:
Andreas Wassermann, 23 Jahre, ist ein lebenslustiger Frankfurter. Er studiert Betriebswirtschaftslehre und jobbt in einer Werbeagentur.

Der Autor plant eine Fortsetzung von »Ladykillers«. Wer weitere Ideen hat, ist herzlich willkommen, sie einzuschicken. Jeder, der mindestens einen neuen Spruch oder Trick, wie man auf originelle Weise jemanden kennenlernt, einschickt, wird als Mitautor im nächsten Band namentlich erwähnt. Also nur zu, ihr Sprücheklopfer, leichter werdet ihr nie mehr Co-Buchautoren ...

Die Adresse lautet: Eichborn Verlag
                        c/o Andreas Wassermann
                        Kaiserstraße 66
                        60329 Frankfurt am Main

Jetzt kommt Konrad!

14,80 DM
ISBN 3-8218-3312-2

Ein Kondom erzählt sein Leben? — Wer glaubt, so etwas zöge sich hin wie Gummi, der kennt Konrad und sein witziges und aufregendes Leben noch nicht. Gefühlsecht illustriert von Holger Aue. Mit echtem Konrad-Kondom!

EICHBORN.
KAISERSTRASSE 66 · D-60329 FRANKFURT AM MAIN
TELEFON (0 69) 25 60 03-0 · FAX (0 69) 25 60 03-30

Kontakt per Anzeige ist mega-in

16,80 DM
ISBN 3-8218-3307-6

Ob für Freizeit, Freundschaft oder Frühstück – Kontaktanzeigen sind in und in vielen Städten sogar zum lockeren Party- und Gesellschaftsspiel geworden. Achim Schwarze erklärt, wie man sie mit Erfolg schreibt, liest und beantwortet, und plötzlich werden Tageszeitung und Stadtmagazin richtig spaßgeladene Blättchen.

EICHBORN.
KAISERSTRASSE 66 · D-60329 FRANKFURT AM MAIN
TELEFON (0 69) 25 60 03-0 · FAX (0 69) 25 60 03-30

Lachtechnisch auf dem neuesten Stand:

5,– DM
ISBN 3-8218-2372-0

Höchst angesagte Ansagen
– klassisch, erotisch, aggressiv, verschmust, albern –
Das Tuning-Kit für den Anrufbeantworter
aus dem Verlag mit der Fliege.

EICHBORN.
KAISERSTRASSE 66 · D-60329 FRANKFURT AM MAIN
TELEFON (0 69) 25 60 03-0 · FAX (0 69) 25 60 03-30